布依族是一个传统的稻作农耕民族，有数千年水稻耕种的历史，社会习俗和信仰中有不少与水稻和水稻种植有关的内容，日常生活中离不开水稻，宗教祭祀以稻谷作为祭品，红白喜事、走亲访友以稻米或糯米做成的糍粑为礼物。语言中有关稻作的词汇也很丰富。

走近中国少数民族丛书

主　编/丹珠昂奔

布依族

Buyizu

周国炎　著

辽宁民族出版社

图书在版编目（CIP）数据

布依族 / 周国炎著. —沈阳：辽宁民族出版社，2014. 12
（走近中国少数民族丛书 / 丹珠昂奔主编）
ISBN 978-7-5497-0970-0

Ⅰ. ①布… Ⅱ. ①周… Ⅲ. ①布依族—民族历史—中国 ②布依族—民族文化—中国 Ⅳ. ①K286.8

中国版本图书馆CIP数据核字（2014）第310808号

走近中国少数民族丛书·布依族
ZOUJIN ZHONGGUO SHAOSHUMINZU CONGSHU·BUYIZU

丛书策划 / 李凤山

出版发行者：辽宁民族出版社
地　　址：沈阳市和平区十一纬路25号　邮编：110003
印 刷 者：沈阳新华印刷厂
幅面尺寸：170mm×240mm
印　　张：12
字　　数：170千字
出版时间：2015年8月第1版
印刷时间：2015年8月第1次印刷
责任编辑：李凤山　吴昕阳　李　璜
封面设计：杜　江
责任印制：杨　雪
责任校对：边京爱　林　华

标准书号：ISBN 978-7-5497-0970-0
定　　价：38.00元

法律顾问：陈　光
举报电话：024-23284336
邮购电话：024-23284335
联系电话：024-23284340
网　　址：www.lnmzcbs.com
淘宝网店：lnmz2013.taobao.com

《走近中国少数民族丛书》编辑委员会

《走近中国少数民族丛书》作者名录

《蒙古族》 萨仁图娅（蒙古族）

《回族》 许宪隆（回族） 张龙（汉族）

《藏族》 丹珠昂奔（藏族）

《维吾尔族》 艾克拜尔·吾拉木（维吾尔族）

买力克·买买提（维吾尔族）

伊利迪尔（维吾尔族）

《苗族》 石莉芸（苗族） 李云兵（苗族）

《彝族》 陈国光（彝族）

《壮族》 黄佩华（壮族）

《布依族》 周国炎（布依族）

《朝鲜族》 黄有福（朝鲜族）

《满族》 于今（满族）

《侗族》 杨筑慧（侗族）

《瑶族》 玉时阶（壮族）

《白族》 董建中（白族）

《土家族》 罗中（土家族） 罗午（土家族）

《哈尼族》 朱志民（哈尼族） 李泽然（哈尼族）

《哈萨克族》 艾克拜尔·米吉提（哈萨克族）

伊拉达·拉音别克（哈萨克族）

《傣族》 赵瑛（傣族）

《黎族》 罗文雄（黎族）

《傈僳族》 鲁建彪（傈僳族） 欧光明（傈僳族）

《佤族》 郭锐（佤族）

《畲族》 钟亮（畲族）

《台湾少数民族》 林华（台湾少数民族）

《拉祜族》 苏翠薇（拉祜族）

《水族》 韦学纯（水族）

《东乡族》 马兆熙（东乡族） 马自祥（东乡族）

《纳西族》 白庚胜（纳西族） 孙淑玲（汉族）

白羲（纳西族）

《景颇族》 金黎燕（景颇族）

《柯尔克孜族》 阿地里·居玛吐尔地（柯尔克孜族）

《土族》 祁进玉（土族） 东永学（土族）

《达斡尔族》 毅松（达斡尔族）

《仫佬族》 黎学锐（仫佬族） 黎炼（仫佬族）

《羌族》 雍继荣（羌族） 罗吉华（羌族）

周发成（羌族）

《布朗族》 陶玉明（布朗族）

《撒拉族》 马成俊（撒拉族） 马建新（撒拉族）

《毛南族》 韩德明（汉族）

《仡佬族》 周小艺（仡佬族）

《锡伯族》 阿苏（锡伯族） 盛丰田（锡伯族）

何荣伟（锡伯族）

《阿昌族》 们发延（阿昌族） 张斯齐（蒙古族）

《普米族》 朱凌飞（汉族） 杨周明（普米族）

《塔吉克族》 西仁·库尔班（塔吉克族）

阿力木江·西仁（塔吉克族）

《怒族》 李月英（傈僳族） 张芮婕（傈僳族）

《乌孜别克族》 吾尔买提江·阿布都热合曼（乌孜别克族）

《俄罗斯族》 乃珂热曼·依布拉音（塔吉克族）

《鄂温克族》 黄任远（汉族） 那晓波（鄂温克族）

《德昂族》 袁丽华（汉族） 王燕（汉族）

《保安族》 马少青（保安族）

《裕固族》 董潇红（裕固族） 王政德（藏族）

《京族》 吕俊彪（汉族）

《塔塔尔族》 卡米力·库尔马尤夫（塔塔尔族）

《独龙族》 李金明（独龙族）

《鄂伦春族》 王为华（汉族）

《赫哲族》 黄任远（汉族）

《门巴族》 陈立明（汉族） 张媛（汉族）

《珞巴族》 陈立明（汉族） 李锦萍（汉族）

《基诺族》 朱映占（汉族）

总序

中国是一个统一的多民族国家，几千年来，有着悠久历史和灿烂文化的少数民族，与汉族一道，在中华大地上繁衍生息，共同开发着这块土地，建设、发展、捍卫着这个古老而伟大的国家。各民族都是兄弟，相互离不开，都是这个国家的主人。习近平总书记在第二次中央新疆工作座谈会上发表重要讲话，指出："要坚定不移坚持党的民族政策、坚持民族区域自治制度。民族团结是各族人民的生命线。要高举各民族大团结的旗帜，在各民族中牢固树立国家意识、公民意识、中华民族共同体意识，最大限度团结依靠各族群众，使每个民族、每个公民都为实现中华民族伟大复兴的中国梦贡献力量，共享祖国繁荣发展的成果。各民族要相互了解、相互尊重、相互包容、相互欣赏、相互学习、相互帮助，像石榴籽那样紧紧抱在一起。要在各族群众中牢固树立正确的祖国观、民族观，弘扬社会主义核心价值体系和社会主义核心价值观，增强各族群众对伟大祖国的认同、对中华民族的认同、对中华文化的认同、对中国特色社会主义道路的认同。"因此，坚持平等、团结、互助、和谐的社会主义民族关系，不断增进了解、紧密关系，深化友谊、建立牢不可破的感情基础，是中国社会转型期、改革攻坚期、矛盾多发期保持社会稳定、发展的基本要求，也是实现中华民族伟大复兴的中国梦的基本要求。

为了进一步宣传我国少数民族的历史文化和民族风情，增强对少数民族的认识，宣传党的民族政策和方针，加强各民族之间的了解与沟通，让读者了解少数民族文化，加深对我党民族政策的理解，中华人民共和国国家民族事务委员会文化宣传司和辽宁民族出版社共同策划了《走近中国少数民族丛书》。

依据上述原则，《走近中国少数民族丛书》的编写有以下三个特点：第一，采用图文并茂的形式、鲜活生动的语言、特色浓郁的图片以及丰富的民族常识链接，向读者展示我国55个少数民族的历史渊源、民族变迁、社会生活、文化艺术、风俗习惯、历史人物和民族区域自治政策的伟大实践。第二，作者多为本民族专家学者和与民族研究工作相关的专家学者，对自己撰述的对象既有深厚知识积累，也有真挚情感。第三，内容彰显了历史与现实、民族文化与地域文化、民族区域自治地方与散杂居地区少数民族生产生活的多彩画卷和轨迹，引导读者走近少数民族，聆听他们的古老传说，感受他们的发展变化，加深彼此的沟通和了解。这套《走近中国少数民族丛书》是面向民族干部和各级干部通览我国少数民族概况的普及读本，也是图书馆必备藏书。

《走近中国少数民族丛书》所揭示的每一个民族的历史，都承载着这个民族的文化，也承载着这个民族的发展和未来。中华大地孕育的55个少数民族多彩斑斓的民族文化，同汉族文化一道从远古走到今天，汇入了中华文化壮阔的历史长河。“共同团结奋斗，共同繁荣发展”，保护、传承和弘扬少数民族优秀文化，不仅是推动我国民族团结进步事业的重要内容，也是构建和谐社会、实现中华民族伟大复兴的中国梦的重要使命。期待通过《走近中国少数民族丛书》，使广大读者徜徉于少数民族多彩风情的同时，更加深刻地了解和认知中华民族多元一体的文化内涵，感受中华民族悠悠历史的深远与厚重。

丹珠昂奔

2014年6月26日

前言

布依族 依山傍水而居的稻作文化传承者

在云贵高原东南段的崇山峻岭之中，红水河畔，南北盘江河谷及都柳江流域，在漫长的地质岁月里，由于江河流水冲刷形成泥沙堆积，或由于神奇的地质构造，形成一块块大大小小方圆数千平方米至数十平方千米不等的小平原。在这些小平原周边，世代居住着以农耕为业的布依族，他们用自己的语言称这样的小平原为“硐”(dongh)，汉语则称为“坝子”。数千年来，勤劳智慧的布依族人，用自己的双手，将这一片片天造地设的“坝子”开垦成肥沃的农田，种植水稻，养育了一代又一代的布依人，使布依民族的根苗得以世代繁衍。

据考古学家考证，早在新石器时代晚期，今天布依族生活的地区就已经有人类存在，他们用自己的智慧所创造的远古文化与后来生活在这一地区的布依族先民——越人所使用的工具有很多相似之处，虽然目前我们尚不敢断言这些古人类与今天的布依族之间有渊源关系，但可以说，今天布依族人一定程度上承袭了这一地区的远古文明。

关于布依族的族源，目前史学界较主流的观点认为与2 000多年前春秋战国时期的“越人”有关系。古代“越人”分布地域广，支系繁多，从我国东南沿海到西南边陲，有“闽越”“瓯越”“杨越”“南越”“西瓯”“滇越”和“骆越”等，史书上有时泛称“百越”。今天的布依族则是“骆越”和“西瓯”的后裔。与布依族有共同历史来源的在国内有壮、傣、侗、水、黎、毛南、仫佬等民族，同时还包括东南亚老挝、越南、泰国和缅甸等国的侬、佬、泰、掸等，国内学术界有学者将这些民族称为“同根生的民族”，语言学界从语言谱系分类的角度将他们称为“壮侗语民族”或“侗台语民族”。

布依族的族称是本民族语自称“Buxqyaix”的音译，与越人的“越”在语音上有一定的关系，但这一名称被外界所广泛接受仅有半个多世纪的时间，汉文文献和布依族地区民间，包括布依族本身以及与布依族生活在一起的其他民族，都普遍称布依族为“仲家”“夷家”“夷族”“水家”“水户”“水边”“沙人”等。1953年才确定“布依”为该民族的正式族称。

布依族是一个传统的稻作农耕民族，有数千年水稻耕种的历史，社会习俗和信仰中有不少与水稻和水稻种植有关的内容，日常生活中离不开水稻，宗教祭祀以稻谷作为祭品，红白喜事、走亲访友以稻米或糯米做成的糍粑为礼物。语言中有关稻作的词汇也很丰富。稻作文化是布依族传统文化的重要内容之一。

布依族传统民居为“干栏式”建筑，来源于远古时代的“巢居”。早期的“干栏”建筑非常简陋，随着时代的发展，人们生活条件不断改善，加之受中原文化向南传播等因素的影响，布依族的民居建筑形式也在不断改变，从“干栏式”到改造型“干栏”建筑，“半边楼”“吊脚楼”“落地式”平房等，生活在不同地理环境中的布依族因地制宜，在对环境的不断适应过程中创造出有自身特点的民居文化。今天，城镇化建设的步伐已经向布依族世代居住的山寨迈进，即使在偏远的角落，钢筋水泥结构的小楼房也随处可见，传统的居住方式已经逐步淡出人们的视线。

布依族服饰以青、蓝为主色调，素净而典雅，金银饰品也很少。传统的布依族男装多为青色对襟衣，女装各地稍有不同，贵州省西部多为裙装；黔西南地区多为长裤左衽短衣，以花边为装饰，头包花格长帕；贵州中部则多着长衣长裤，头戴黑色圆帽。20世纪八九十年代之前，布依族地区妇女日常生活中普遍穿着本民族服装。目前，在多数地区，只有40岁以上的妇女日常生活中仍穿民族服装，大多数人只有在节庆场合或遇红白喜事才穿，平时着装与当地汉族没有区别。

布依族节日多与其传统的稻作农耕生计方式有关。受汉族文化影响，春节也是一年中较隆重的节日之一，此外，本民族最具特色、最隆重的节日主要有“三月三”“四月八”“六月六”等，这些节日都承载着布依族人民丰富的稻作文化内涵。

布依族婚姻习俗经历了漫长而复杂的发展演变过程。历史上曾经有过男女自由婚配的时代，明朝中期以后，受中原儒家文化的影响，包办婚姻、买卖婚姻开始在布依族地区流行，但早期仍与传统的男女自由择偶相结合，后来，逐渐过渡到子女婚姻大事完全由父母包办，婚姻关系的缔结都要经过

“合八字”、托媒提亲、订婚、纳聘、迎娶等程序。20世纪八九十年代以前，多数地区布依族妇女还有婚后“不落夫家”的习俗。近一二十年来，布依族地区男女青年普遍外出上学、打工，传统的婚姻习俗随着社会的转型而发生了巨变，男女青年之间的婚姻多数情况下已不再受传统的羁绊。

丧葬方面，各地布依族多实行土葬。家中有老人，子女要提前为其备好棺木、寿衣；老人去世，子女要为其举办隆重的葬礼，请“布摩”或道士举行超度仪式，诵经，亲戚朋友前来祭奠，多数地区至今仍有“砍牛”习俗。墓穴由阴阳先生预先选好，讲究风水、朝向。在一些靠近县城的布依族地区，殡葬习俗正随着城镇化建设的步伐而发生相应的改变。

布依族人没有全民信仰的宗教，民间普遍信仰多神，认为万物皆有灵。“摩”是绝大多数布依族地区存在的一种宗教文化事象，在布依族社会的宗教祭祀、丧葬活动以及日常祈福禳灾等仪式中发挥着重要的作用。“摩”有系统的经典，称为“摩经”，有专门的宗教从业者，布依语称为“布摩”，负责主持各种宗教活动以及诵经。“抱勒夺”被奉为“摩”的鼻祖。此外，在一些布依族地区民间，有少部分人信仰天主教。

稻作农耕是布依族传统的生计方式，长期以山为伴，以水为邻造就其柔顺、温和的民族性格。记得有位文人曾经说过，藏缅语民族是“火”的民族，而侗台语民族是“水”的民族，作为侗台语民族一员的布依族那“柔情似水”般的性格不是正好印证了这一说法吗？不过，我觉得，柔顺、温和仅仅只是布依族民族性格的一个方面，其内在的精神世界有着坚强的民族气质作为精神支柱，支撑着她从远古的荒蛮时代向今天一步步走来。

目录

第一章 悠久的文明印迹

布依族自古生活在云贵高原东段的珠江水系上游红水河和南北盘江、都柳江流域，其先民与古代的“越人”有密切的渊源关系，战国末期，布依族先民曾参与缔造了显赫一时的“夜郎国”。布依族以稻作农耕为主要的生计方式，数千年的历史发展进程中创造了内涵丰富的稻作农耕文化。布依族有本民族的语言，属汉藏语系壮侗语族壮傣语支。20世纪50年代中期，国家从提高少数民族教育文化水平，发展经济的角度考虑，创制了以拉丁字母为基础的新布依文，在布依族地区的基础教育和文化建设中发挥了重要的作用。

远古走来的稻作民族

遥远的先祖

南、北盘江是珠江水系上游的主要干流，发源于云贵高原东端云南省的沾益县，由北向南流经滇黔边界和贵州省中西部，至贵州省望谟县南部的蔗香汇合，形成红水河，在罗甸东南急转南下，进入广西。南、北盘江及红水河的大小支流，在贵州西部和南部，形成了纵横交叉的水系，分布在崇山峻岭之间，经千百万年的冲刷和泥沙堆积，不仅形成了一道道雄奇壮观的峡谷，还造就了一片片土质肥沃的坝子。布依族人世世代代居住在这些坝子和山岭之间，以青山为伴，以绿水为邻，以稻作农耕为主要的生计方式，一代代辛勤劳作，生息繁衍，创造了灿烂、悠久的布依族文化。

据考古学界经考古挖掘发现，在今天布依族分布的贵州中西部和南部地区，早在数十万年以前就已经有人类在这里活动，20世纪60年代以来，陆续发掘了一些古人类文化的遗址，这些古人类分别被命名为“观音洞人”“大洞人”“水城人”“穿洞人”“猫

布依族地区种满水稻的田坝

知识链接 **考古文化** 20世纪60至80年代在贵州西部和西南部发掘了一批古人类遗址，包括黔西的“观音洞文化”、水城的“水城人文化”、普定的“穿洞文化”、兴义的“猫猫洞文化”、安龙的“观音洞文化”、平坝的“飞虎山文化”等。其中有些古人类文化遗址距今已有20多万年历史，表明早在旧石器时代早期，在今天的布依族分布地区，就已经有古人类活动。

猫洞人”等，这些古人类文化遗址有的距今已经20多万年的历史，表明早在旧石器时代早期，在今天的布依族分布地区，就已经有古人类存在。在这些遗址中，考古学家发现了大量的石制品和哺乳动物化石，石制品包括石核、石片、砍砸器、尖状器、石刻、雕刻器等多种，反映了旧石器时代文化发展的特点。观音洞文化遗址是布依族地区迄今为止所发现的最早人类文化遗址。“穿洞人文化”距今约5万年，是布依族地区新人阶段古人类文化遗址，不仅出土大量石器、骨器、人类化石和哺乳动物化石，还发现了人类用火的遗迹。骨器的发现说明当时的人类生产技术已经达到了较高的程度，用火痕迹的发现则表明人们已经开始定居。“飞虎山文化”距今约4 000年，是布依族地区保存比较完整的新石器时期古人类文化遗址，出土有石锛、斧、纺轮、箭（矛头）、磨石、石球等器具，石器质地坚硬，磨制精良。石斧有斜刃和直刃两种类型，无肩无段，具有区域文化代表性。遗址还出土了大量陶器碎片及圆饼状和两端截尖的两式陶纺轮。陶器刻有细绳纹及波浪、方格菱形、云雷、圆形等纹锦，在附加堆纹上也刻有多条纹饰。

上述考古发掘的古人类文化遗址，在多大程度上与今天的布依族相关，尚待进一步地研究。但其中的一些文化特征，被后来生活在这一带的布依族先民越人所继承，如发掘出土的新石器时代的“有肩石斧”“有段石锛”以及印纹陶等，在春秋战国时期活动在云贵高原一带的越人文化中也有发现。

由于布依族历史上没有创造出适应本民族语言的文字系统，虽曾借用汉字和其他的文字符号作为记音符号，记录了本民族的宗教经文，但终因缺乏系统性和规范性，难以学习和掌握，未能发展成为布依族全民接受的文字，仅仅掌握在少数宗教职业者手中，成为传播布依族宗教文化的辅助工具。因此，布依族书面历

北盘江河谷

史文献比较匮乏，有关本民族的来源、历史，只能通过口耳相传的形式，一代代零零散散地出现在一些民间文学作品当中。从古代的文人到今天的历史学家，大多通过汉文历史文献记载中的一些资料来研究布依族的来源和历史。

历史学家谈到布依族的来源时，通常都认为跟2 000多年前生活在我国南方广大地域内的一个族群“越人”有关，这种观点在历史学界已基本达成共识。古代的越人分布地区很广，支系繁多，分布在我国东南沿海的有“东越”“瓯越”“闽越”“吴越”，

知识链接 **濮人** 中国西南古代族群名。因支系繁多，史籍又有“百濮”之称。商周时，分布在江汉流域及其以南，后散居今四川、贵州、云南等地，与“百越”杂处。约公元前16世纪，濮人向商汤王朝献过珠玑等产品。约公元前11世纪，濮人与庸、蜀、羌等人一起参加了周武王灭商的牧野之战。周宣王初（前827)，楚国的叔堪因争位而避难于濮人地区。周匡王二年（前611)，濮人与麇人伐楚。周景王二十二年（前523)，楚人复以舟师伐濮。后来很多濮人部落被楚国合并。战国至汉朝时，组成夜郎国(今贵州和云南的部分地区)的国民中，有濮人成分。东汉的永昌郡（今云南大理和哀牢山以西地区）内有“闽濮”，与僚、越等人杂居。三国时，濮人居住在蜀国的南中诸郡（相当于今四川省大渡河以南和云南、贵州两省)，向蜀国纳贡赋。蜀国平息了孟获等的叛乱后，迁濮人数千落于云南郡（今云南大理、楚雄的部分地区)、建宁郡（今云南曲靖）地区。唐朝时，云南地区有文面濮、赤口濮、黑僰濮，曾向唐朝进贡。此后，史籍关于濮人的记载就很少了。

生活在长江中下游的有“杨越”，分布在广东、广西的有“南越”，分布在广西北部、西部以及贵州境内的有“西瓯”和“骆越”，分布在云南的有“滇越”。布依族主要来源于分布在广西北部和贵州南部的“西瓯”和“骆越”。除了这一观点以外，有关布依族的来源还有“濮人”说、“濮越”融合说、“汉人”说、“夜郎”国居民后代说等。

春秋战国时期，中国南方除“越人”以外，还分布着另一个比较大的族群“濮”，其居住地主要在今我国中南到西南这一片区域内，在云贵高原与“越”形成交错杂处的局面，因此在布依族的历史发展过程中又不断有“濮”的成分融入，史籍中有“越濮”“夷濮”等记载。根据百度百科，“夷”本义指“东方之人”，即商代山东、江苏一带的少数民族，秦汉以后，泛指我国东部和南部的少数民族，在南方有“南夷”和“西南夷”之分。也有学者认为，布依族从来源上与“西南夷”有关。

战国晚期到古代西汉，今贵州南部，先后出现了“夜郎”“且兰”等地方政权，布依族先民是当时这些“方国”的主体民族。汉以后，“越”“濮”等名称在文献史籍中逐渐消失，包括布依族先民“骆越”在内的南方诸多民族（主要是壮侗语民族）被称为僚或俚。

有关布依族的来源，民间普遍存在的一种观点是布依族来自江西（或湖广）。这一观点除民间口耳相传以外，近年来，在布依族地区编修的一些族谱当中也被广泛采纳。其中的一种说法是，明洪武年间（1368—1398），中央王朝实行“调北征南”或“调北填南”，大批军民从江西、湖广到贵州屯扎，一部分人进入布依族地区，长期与布依族相处，逐渐融合到布依族当中，这是今天布依族当中一部分人自称祖先来自江西、湖广的原因之一。明清两代的统治者实行民族压迫和民族歧视政策，如规定“土人不得任用为流官，不准考试”，并任意欺压“土人”，使部分布依族人忍痛隐瞒了自己的祖籍和民族成分，而在家谱和传说中，往往自称祖先从江西迁来。

外来说的另一种观点认为，布依族中的岑、莫、黄、王等大姓，祖先在宋仁宗时（1053），随宋将狄青到广西作战，战后留守广西，后来其中的一部分又进入了贵州。这是历史事实，但他

▲

七星田

们到贵州以后，与布依族相处日久，也就融合于布依族了。还有居住在黔南边境望谟、罗甸、独山一带的部分布依族，说他们是从广西迁来的。实际上，在清雍正四年（1726）改土归流之前，罗甸、望谟等地归广西泗城府管辖，居住在这个地区的布依族和桂西北的壮族，在语言、服饰和风俗习惯等方面基本上相一致，交往很密切，彼此间经常互相迁徙。这些地区的部分布依族确实是由广西逐渐迁来的。

布依族在其发展过程中吸收了部分汉族和其他兄弟民族的成员，在吸收外族成员的同时，自身也有一部分融合于外族。布依族从外地迁来的传说，只是反映了古代各民族一部分成员之间互相融合的事实，它反映了布依族历史发展的一个侧面，但不是布依族族源的主流。

总之，布依族是世居贵州的一个古老民族，是从古越人中的西瓯、骆越支系及其后的僚人逐渐发展起来的，在长期的历史发展过程中，先后有古濮人及后来的汉族和其他民族成分融入，逐步形成了今天人数众多的布依族。另一方面，布依族也有融合于其他民族的。这正说明中华民族大家庭中“你中有我，我中有你”，血肉相连，共同发展的事实。

族称——从“越人”到“布依”

布依族来源于远古的“越人”。关于“越”的含义，各家说法不一，有人认为跟这一族群所使用的一种武器——“钺”有关系，也有人认为作“人”解。作为一个族群的称谓，“越”应该能代表该族群某一显著的特征，在远古人类生产力水平极其低下的时代，先进的生产工具是群体制胜的法宝，是族群得以延续的根本保证，因此，我们认为，“越”应该是指该族群使用的生产工具。从读音上看，“越人”之“越”与今天的布依族族称“布依”的“依”是很接近的，因此，二者之间的渊源关系也是可以肯定的。

“越”作为一个族群的称谓，多出现在汉以前的汉文史籍中，与“越”几乎同一时期的还有“濮”，或“濮越”并称，多指云贵高原上夜郎国境内的少数民族，当包括布依族在内。“濮”和“越”的关系学界有不同的观点，有主张同源的，也有主张是不同族群的。一些研究布依族历史的学者史书中“濮越”即今天的布依族自称“布依”，用本民族语称Buxqyaix。二者读音上虽很接近，但从词汇结构上来看，是讲不通的。如果“濮”和“越”是不同的族群，作为族称同时出现时应该是并列关系，而布依语族称Buxqyaix是大名冠小名的偏正结构，其中“布(Bux)”是大名，是中心成分，有“族、人”的意思，“依(qyaix)”是小名，是修饰成分，作为该民族的专称。从构词上与“濮越”不同。因此，我们认为，汉文史籍中的“濮越”另有他解，只能说明历史上二者关系密切，不能简单地与“布依”等同看待。作为越人一支的布依族当中在远古时代融入了“濮”的成分，这也是有可能的。

▲

《隋书》书影

“僚”，音“牢”，是汉代以后出现在史籍中指称南方少数民族的一个称谓，“僚人”分布比较广，“岭南二十五郡，处处有之”。《隋书·南蛮传》说：“南蛮杂类，与华人错居……曰俚，曰僚……古先所谓百越是也。”魏晋南北朝至唐宋时代有“俚僚”“蛮僚”“夷僚”“谢蛮”“都匀蛮”“蕃蛮”等，其指称范围包括布依族在内的南方少数民族，其中主要为侗台语民族。目前，布依族普遍存在自称本民族为“布饶”（Buxrauz）的现象。“布”

（Bux）义为“人、族”，“饶”（rauz）是“我们”的意思。“饶”和“僚”读音相近，“布饶”和“僚人”在称谓上可能有关系。

“仲”于元代开始出现在汉文史籍中，明清史籍中有“仲苗”“仲蛮”“青仲”或“仲家”等记载，直到民国时期，民间还有称布依族为“仲家”的现象。关于族称“仲”，学术界有多种不同的解释，其中最流行的一种认为，布依族是传统的稻作农耕民族，擅长种水稻，故名“种家”，又因称人而改为“仲家”。另一种解释来自民间。传说布依族先民于明洪武年间“调北征南”来到贵州，因身穿沉重的铠甲而被称为“重甲子”，后讹称“仲家子”“仲家”。以上两种说法都很牵强附会，无须辩驳。“仲”的称谓来自古代一些地区布依族的自称，其含义有待进一步考证，今天贵州省荔波南部仍有一部分布依族被当地瑶族称为gyong33，这应该是“仲”的真正来源。

从清代到民国年间，布依族除被称为“仲家”以外，汉文版地方史志和民间还有“侬家”“布笼”“笼人”“土人”“夷族”“夷家”“水户”等称谓。今天的布依族用本民族语言自称为Buxqyaix，由于方音差异，各地又有布雅依、布约依、布育依、褒依等不同读音。除自称和他称之外，不同地区布依族之间还互称为布拉、布侬、布纳、布更、布央、布倮等，又有不同姓氏之间互称为布武、布韦、布鲁等等，这些互称的得名或按地理分布，或视服饰不同，或因语音差异。

1953年，根据本民族意愿并经国务院批准，统一命名为“布依族”，但时至今日，与布依族杂居的汉、苗、仡佬等民族仍习惯称布依族为“水家”“水族”或“夷族”等。

知识链接 **“布拉”“布更”** 分别为“上方人”和“下方人”，“布侬”“布纳”也与方位有关，如在六枝一带，“布纳”用于称呼北盘江下游的布依族，而“布侬”则指上游的布依族。“布央”主要分布在黔西南的贞丰、望谟和册亨一带，一般从口音和服饰上来加以区分，在贞丰，“布央”是县境北部和东北部散居地区的布依族对县城周边说话口音较柔和的本民族的称呼。倮在布依语中是“山凹”“山谷”的意思，因此“布倮”即指“山谷中的人”。

稻作农耕——布依人的生计方式

布依族生活在贵州省南部崇山峻岭之中，那里山高谷深，沟壑纵横，让人很难将生活在这样一种环境中的民族跟稻作农耕联系起来。不过，在这样的地理条件下，布依族人通常都选择地势低洼、平坦、水源好的地方聚族而居，将沿河一带土质肥沃的平地或山峦间自然形成的坝子开垦成稻田来耕种。早在2000多年前，《史记·西南夷列传》中就有布依族先民“耕田，有邑聚”的记载，贵州省兴义、兴仁等布依族地区出土的汉代铜鼓上所绘的花纹图案充分反映了从事稻作农耕的实事。清乾隆《贵州通志》和爱必达的《黔南识略》都称：“仲家善耕，专种水稻，兼种果木……”

布依族人善于种植水稻，这可以从布依族语言中所保留的水稻品种名称反映出来。这些名称与汉语截然不同。如汉语中称“麻黏、白黏、岩黏、毛娥黏、晚米、黄蜡糯、摘糯、白子糯、高脚糯、竹丫糯”的品种，布依语的名称分别是“庆来、庆傲、敖吉、那颜、敖那旦、那傲、敖戛宁……”此外还有黔南地区独有的“黑糯米”，布依语称“那文”，这些水稻品种，长期以来一直在布依族地区广泛种植。

布依族地区的传统灌溉工具——水车

农耕

水稻种植离不开水，布依族的灌溉技术伴随着水稻种植技术一起不断提高。充分利用自然水源是布依族因地制宜进行自然农田灌溉的方式之一，主要是在靠近水源（如井水）的地方开垦稻田，并在畦田当中开挖水沟，让水自然流入稻田中。此外，古代布依族还掌握了比较娴熟的筑坝技术。在有水源的地方筑起水坝蓄水，或在地势较高的地方修筑堤坝，积蓄从山上流下来的雨水，待天干旱时灌溉。布依语称“田”为naz，称“水稻”为hauxnaz，称“水坝”为waail，称“水渠”为meangl，这些词与整个侗台语大多数语言同源，可见布依族在与从同语族、语支其他民族分化之前，就已经有比较发达的灌溉技术了。农田灌溉过去除修筑堤坝、沟渠之外，在一些水源较好的地区，还使用竹筒抽水和水车灌溉，利用水力转动许多竹筒大轮车把水带到高处，灌溉田面高于水面的秧苗，不少地区也用“龙骨车”灌溉。20世纪80年代以后，这些传统灌溉方式在布依族民间已经逐渐消失，机械化、电气化程度的提高使布依族地区的农业灌溉得到极大的改善。

农具

从耕作技术看，布依族从事农耕的历史悠久，积累了丰富的耕作经验。从犁田翻土、泡种育秧，到栽秧除草，从灌溉施肥到田间管理，直到收割晾晒和入仓、加工，均有一套习惯的规程。人们重视按季节泡种秧苗和栽插，注意稻种的优劣与秧田保水的深度，以及基肥和追肥的施用等各种方法。

布依族过去种植的水稻以糯稻为主，糯食在相当长的一段历史时期，曾作为布依民族日常生活中的主食，这从与之关系比较密切的西双版纳傣族以及老挝、泰国等国家的主体民族的生活习惯中得到了体现，在这些民族中，糯食在农村仍然是人们日常生活中的主食。但糯稻成熟周期长，产量较低，而且种植工序复杂。无法满足生产生活，尤其是人口增长的需要，随着生产技术的不断提高，以及粮食种类的引入，糯稻逐渐被产量高的水稻品种以及其他粮食品种所替代，糯食退居副食品的地位，不再是人们日常生活中的主食。现在，布依族地区种植的粮食作物种类丰富，自然环境不同，粮食作物的种类也不一样，平坝地区以水稻为主，兼种玉米、高粱等，山区以玉米为主，稍微平坦的洼地兼种少量水稻。冬季部分地区种植小麦、大麦和荞麦等。除粮食作物以外，甘蔗、油桐、油菜、黄豆、芝麻、棉花、酥麻、葵花、黄瓜、香瓜、西瓜等经济作物在布依族地区也大量种植，尤其是甘蔗，在册亨、望谟、贞丰等气候湿热的南北盘江河谷地带广为种植，是当地主要的经济来源。

史海钩沉话布依

"夜郎国"与布依族

说起夜郎国，人们自然会想起那段耳熟能详的典故——夜郎自大，说的是西汉时期，中原王朝派使者前往南方一个叫滇国的地方巡视，滇国国君问使者"汉与我孰大"？使者感到惊讶，心想

北盘江鸟瞰

世间竟有如此不知天高地厚的小国君王。后来汉朝使者从滇国返回朝廷的途中，经过一个叫夜郎的方国，该国国君问汉朝使者同样的问题。这个典故后来成了汉语中认知率最高的成语之一，即“夜郎自大”，常用来比喻一个人骄傲无知的肤浅自负或自大行为。

不过，这一典故也向我们传达了这样一个信息，早在2 000多年前的汉朝时期，在中国南方有两个小国存在，一个叫滇国，一个叫夜郎国。说起滇国，人们自然会联想到云南，而夜郎国在哪儿呢？从典故的内容来看，应该在滇国附近，使者从滇国返回朝廷必经之地，也就是紧邻云南的地区。根据汉文史料推测，战国末期的夜郎国疆域并不小，鼎盛时期，包括今天贵州全省，东到今湖南的新晃县，南至广西的田林、南丹县；西辖今云南的曲靖市、陆良县，北抵今川南，其辖地包括今天布依族分布的整个地区，中心地区一般认为在今天的贵州省安顺市一带。夜郎国为谁所建？迄今仍是一个有争议的问题，一种观点认为系“濮人”所建。其政治中心在哪里，也仍然是一个未解之谜。但有一点可以肯定的是，世代生活在这一地区的布依族先民是夜郎国的主体民族之一。

▲

《华阳国志》书影

史籍记载，夜郎的国王是“竹王”。关于“竹王”，有一个颇具传奇色彩的故事。最早见于《华阳国志·南中志》：

> 有竹王者，兴与豚水，有一女子浣于水滨，有三节大竹流入女子足间，推之不肯去，闻有儿声，取持归破之，得一男儿，长养，有才武，遂雄夷濮（狄），氏以竹为姓，捐所破竹于野，成竹林，今竹王祠竹林是也。……后濮夷阻城，咸怨竹王非血气所生，求立后嗣，霸表封其三子列侯。死，配以父祠，今竹王三郎神是也。

有学者考证，故事中的“豚水”即今北盘江。北盘江发源于云南省沾益县，其干流主要流经贵州布依族地区。在今天贵州省关岭、贞丰一带的布依族民间，仍流传着与上述故事类似的“竹王”传说，这是古夜郎国与布依族密切相关的例证。

有学者认为，夜郎国王之所以被称为“竹王”，与夜郎国盛产竹及其国民盛行竹图腾崇拜有关。

与布依族生活密不可分的竹林

布依族世代生活的南北盘江流域河谷地带，气候湿热，适宜各种竹类生长，布依语中关于竹的名称就有十多种。竹在布依族日常生活中起到非常重要的作用，大到建房用的建筑材料，小到吃饭用的筷子，以及各种各样生产生活用具，都离不开竹子。竹图腾崇拜是布依族图腾崇拜中的一种，在布依族民间世代传承，历经数千年，虽然已非原始面貌，但其图腾信仰的主要特征仍然保存下来。布依族的竹图腾崇拜主要表现在特定的与人生礼仪有关的宗教活动之中。举行这类仪式，必须选择吉日，请本民族布摩先生设坛祭供牺牲，并按传统礼节摆上象征神灵的"新鲜竹子"，"布摩"在这方面的祭神诵词，内容可大体分为祈福和祛病两种。祈福仪式包括"人类诞生以竹保佑""人的灵魂从竹而生""独子与竹为伴""年老逝世随竹升天""氏族神房每年更换新竹子"等；祛病仪式中亦有数种，如"防瘟疫种竹保寨的'保板'""驱鬼除病插竹护家的'邦朗'""为凶死者搭灵房的'兰汪'"等等。可见，布依族民间竹图腾崇拜的内容和形式丰富多样。

历史上，夜郎国的发展并非一帆风顺。战国末期，楚顷襄王二十年（前279），楚王派将军庄蹻西征，借道夜郎，夜郎被其所灭。庄蹻在滇称王后，夜郎复兴。秦统一六国后，在夜郎国设置夜郎县。秦灭亡后，夜郎又恢复独立状态。西汉时，汉武帝封唐蒙为中郎将，率领1 000精兵，从巴郡符关（今四川省合江县）进入夜郎，通过馈赠、封官等手段使夜郎归属汉朝。汉成帝河平年间（公元前28—前25），夜郎王兴反，汉朝调全州太守陈立灭之，并镇压其部下的反抗。从此，夜郎国被纳入郡县制中。

封建王朝羁縻政策统治下的布依族

汉以后，布依族地区全面纳入中央王朝的统治之下，但自东汉末期以来，天下动荡不安，中央王朝无力顾及边远的少数民族地区，只能任用各族豪强作为当地政府的实际统治者，如东汉以来至隋代称雄于牂牁郡（布依族地区）的“西谢蛮”“南谢蛮”。隋开皇元年（581），在今布依族地区设牂州，领牂牁、宾化两县。大业二年（606）改名牂牁郡，治所仍在牂牁县。“羁縻州制”是唐王朝对边疆少数民族地区实施的一种统治措施。唐朝初期，牂牁大姓谢、宋二氏归附于唐。唐采取“以故俗治之”的策略，建立了牂、庄、琰、盘、矩、明、应等羁縻州，同时在四川彭水设立黔中道、黔中郡和黔州都督。唐朝末年，乌江以南的布依族聚居地区共设有50个羁縻州。宋承唐制，改黔中郡为绍庆府，下辖49个羁縻州，主要分布于现在布依族聚居的贵州省中南部地区。

知识链接 **羁縻政策** “羁縻政策”是自秦朝建立郡县制起到宋、元交替时期前，中央王朝笼络少数民族使之不生异心而实行的一种地方统治政策。通过这种政策，处理中央与地方少数民族聚居的关系，以维系中央集权制度的统治。所谓羁縻，“羁”就是用军事和政治的压力加以控制，“縻”就是以经济和物质利益给以抚慰，即在少数民族地区设立特殊的行政单位，保持或基本保持少数民族原有的社会组织形式和管理机构，承认其酋长、首领在本民族和本地区中的政治统治地位，任用少数民族地方首领为地方官吏，除在政治上隶属于中央王朝、经济上有朝贡的义务外，其余一切事务均由少数民族首领自己管理。

元朝时期对少数民族的统治承袭了唐宋的“羁縻政策”，在布依族聚居地区普遍推行土司制度，设置了多个宣慰司、安抚司和长官司及一部分土府、土州、土县。至元十年（1279），南宁州（今贵州省惠水县境内）八番归降，号称“西南八番”。朝廷在“八番”之地设置9个安抚司和3个蛮夷长官司，辖及今平塘、罗甸、长顺等县。不久，又设顺元路军民安抚司，辖22个蛮夷长官司。至元二十九年（1292），又设八番顺元元帅府，辖顺元路军民安抚司、八番安抚司及番民总管府。

明王朝维持元代土司制度，在布依族地区实行“土流并治”，合并了大量的少数民族土司政权，改置为宣慰司和土府，部分布依族聚居区被划归广西布政司泗城州。永乐十一年（1413），增设贵州布政司，掌管行政、财政。改普安安抚司为普安州，改九名九姓长官司为独山州，于都匀安抚司地置都匀府，于程番等13个长官司地置定番州，并设立大量屯兵垦田的卫所，形成“土流并治，军政分管”的局面。清王朝撤销贵州宣慰司，将龙里等18卫所改设为县，结束了军民分治的状况。雍正三年(1725)，开始大规模改土归流，并将广西泗城府和西隆州的红水河北岸之地划归贵州。然后，在长坝设永丰州，又于罗斛、册亨两地分设州同、州判，并增设南笼府以统治贵州西南部地区。直至清朝末年，布依族地区共设置了贵阳府、安顺府、兴义府、都匀府等4府和平越直隶州，都由流官统治。

知识链接 **土司** 土司是中国边疆的官职，元朝始置。用于封授给西北、西南地区的少数民族部族头目。土司有广义与狭义之分。广义的土司既指少数民族地区的土人在其势力范围内独立建造的且被国家法律允许的治所（土衙署），又指“世有其地、世管其民、世统其兵、世袭其职、世治其所、世入其流、世受其封”的土官。狭义的土司专指“世有其地、世管其民、世统其兵、世袭其职、世治其所、世入其流、世受其封”的土官。

彰显民族特征的文化符号——布依族的语言和文字

沟通民族感情的工具——布依族的语言

布依族有自己本民族的语言——布依语，根据语言谱系分类，属汉藏语系壮侗（也称侗台）语族壮傣语支，跟布依语比较接近的语言，在国内有壮、傣、侗、水、仫佬、毛南、黎等少数民族的语言，在国外，东南亚老挝、泰国的主体民族的语言老挝语和泰语，缅甸的掸语，越南北部的侬、岱依等语言都与布依语有不少共同的特征，尤其壮语和傣语与布依语关系十分密切。

同汉语一样，布依语的语音可以分为声母、韵母和声调，声母有32个（文字标准音点的语音），与汉语相比，声母mb、nd、ny、qy、qv、by、my、gv、ngv等为布依语所特有，大部分地区的布依语没有送气音声母，说汉语时，“拔”“爬”“到”“套”“告”“靠”“江”“枪”等容易混淆。韵母有87个，其中很多韵母为汉语所没有，如汉语带鼻音尾的韵母只有-n和-ng，而布依语还有-m，以塞音-b、-d和-g结尾的韵母也是汉语所没有的。布依语没有撮口呼韵母，因此，说汉语时经常“夷”“鱼”不分。布依语有8个声调，其中有6个是舒声调，2个是促声调。

布依语的词汇按音节构成可分为单音节词和多音节词，按词义构成可分为单纯词和合成词。合成词的构成方式主要有附加式、并列式、修饰式、主谓式、动宾式、补充式和通称加专称等几种。其中附加式又分为前加式和后加式，前加式由词根带附加成分构成，名词词根前的多数附加成分同时可以兼作量词；后加式主要由形容词和部分动词加后加成分构成，该附加成分通常表示词根的状态、程度或方式。修饰式合成词大多数是中心成分在前，修饰成分在后，如汉语的“红旗”，按布依语的语序则是“旗+红”，“白云”则是“云+白”。布依语中有大量来自汉语的词汇，按借入时间先后可分为早期借词和现代借词两大类。早期借词主要指20世纪初以前从汉语中借入的词，语音上保存古代汉语的特征，如有塞音韵尾，声调与布依语固有词相吻合等。现代汉语借词一部分借自民国时期的汉语，大多数为新中国成立后从布依族所在地区的汉语方言中借入的词语，语音上与当地汉语方言的读音相同，内容上涉及人们社会生活的方方面面。

语法方面，布依语的句子顺序与汉语基本相同，也是主语在前，谓语居中，宾语在后，定语修饰主语或宾语时，基本顺序是

第二次国家珍贵古籍名录布依傩书申报工作小组

中心语在前、修饰语在后，如汉语“我的衣服”，布依语则是“衣服+我”，“昨天的报纸”则是“报纸+昨天”。状语多数情况下在所修饰的成分之后，但也可以在前，如汉语“非常快”，布依语则是“快+非常”，“先到”则是“到+先”。受现代汉语的影响，当前布依语中出现了一些新的语法现象，如名词做定语修饰另一个名词时，传统的“正偏式”也可以表达为“偏正式”，而且“偏”和“正”之间可以加结构助词“的”，如原来说“书包小张”，现在可以说“小张的书包”等。布依语的句式以单句为主，复句用得比较少，复句中使用的大多数关联词都借自汉语。

《布依语基础教程》书影

布依语内部没有方言的差别，各地的词汇和语法结构具有很大的一致性，语音也有比较整齐的对应规律。根据语音差异和部分词汇的不同，可把布依语划分为三个土语，即第一土语、第二土语和第三土语（或按通行地区分别称为黔南土语、黔中土语和黔西土语）。

贵州省黔西南布依族苗族自治州电视台布依语播音员王自菇

布依语目前主要通用于布依族集中分布的贵州省黔南和黔西南两个自治州以及安顺市、六盘水市的大部分地区，贵阳市、毕节市也有部分布依族仍使用布依语。在布依族聚居且仍保存母语的地区，家庭和村寨内部大多使用本民族语言，有少部分人甚至不懂汉语，与外民族交流时需要借助翻译。杂居在当地的其他民族有些也懂布依语。汉语主要在学校、政府机关、医院以及集市等多民族聚集的场合使用。在布依族散居地区，布依语主要用于家庭和村寨内与本民族成员交流的大部分场合，多数情况下使用汉语，少部分家庭中，儿童已经放弃本民族语言，只讲汉语。在城镇地区或零星分布在汉族或其他民族地区的布依族，除少部分仍完整保存本民族语言以外，大多已经转用汉语，有些地方，只有四五十岁以上的老人在部分场合使用布依语交流。

传承民族文化的符号——布依族的文字

布依族历史上没有创造和使用过与本民族语言相适应的文字系统。过去，曾有一些布依族宗教人士（布摩）借用汉字或仿照汉字自创土俗字作为记音符号，记录本民族宗教经文，这种文字被称为“古布依字”或“方块布依字”，一直沿用至今。另外，在贵州西北部和云南省的部分布依族地区，发现了一种类似“水书”的文字符号，记录的也是布依族宗教经文。这种文字虽夹杂使用了一些汉字，但多数符号不属于汉字体系，有的为象形符号。目前尚无人能识读，其来源也尚待考证。在贵州省水城县的北部，当地布依族布摩还借用了20世纪初创制的“波拉文”来书写本民族经书，这种文字由英国基督教传教士柏格理（英文名为Samuel Pollard）所创，主要用于黔西北和滇东北苗族地区进行宗教传播，对周边其他民族也产生了影响。这些“文字”由于缺乏必要的规范，任意性较强，只掌握在极少数宗教人士手中，未能发展成为布依族全民通用的文字系统。不过，以这些文字符号记录的布依族宗教经文承载着丰富的文化内涵，是布依族珍贵的文献典籍，通过对这些文献进行考证和深入研究，我们可以了解到古代布依族的历史、社会、经济、文化等方面的内容。

新中国成立以后，1957年，党和国家为布依族创制了以拉丁字母为基础的新文字，属拼音文字类型。最初的文字系统以贵州

知识链接

布摩 布依语buxmol一词的音译，bux（“布”）义为“人”，mol（“摩”）义为“诵经”，直译为“诵经的人”，布依族所有宗教活动的主持者。布依族的布摩并不是独立于社会的一个宗教阶层，他们平时也要参加生产劳动，村寨中有老人去世时他们才应邀前去主持丧葬仪式，并收取微薄的酬劳。布摩超度亡魂或主持日常宗教活动时都有经书。

波拉文 又称柏格理苗文或“大花苗族文字”，1905年英国传教士柏格理和苗族知识分子杨雅各等合作为云南省东北部和贵州省威宁县、赫章县一带苗族创制了这种拼音文字。这种文字创制以来主要是在贵州省的威宁、赫章、水城、紫云等县和云南省的彝良、大关、永善、寻甸、楚雄彝族自治州和昆明市近郊等地苗族基督教活动中使用。据20世纪80年代的统计，使用这种苗语的苗族约有25万余人，熟悉这种苗文的苗族约有5万人。

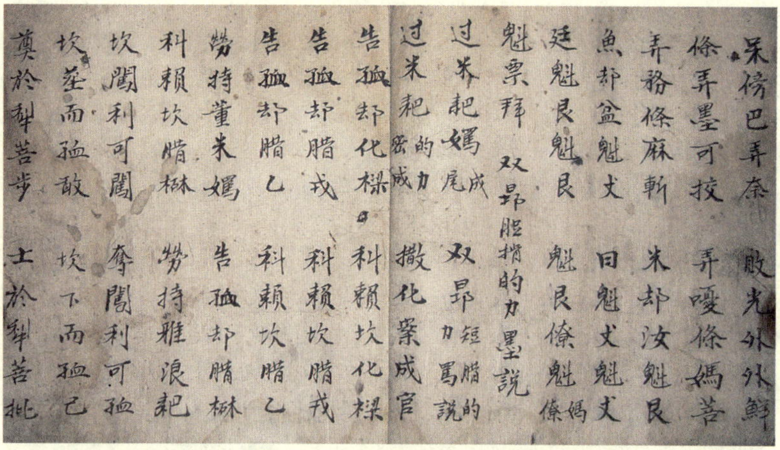

用汉字记录的布依族宗教文献典籍

省龙里县羊场布依语作为参考音点，共有字母33个，其中拉丁字母22个，其他字母11个，声母23个，韵母120个，声调符号5个。从1957年起，新创布依文在部分布依族地区试验推行，受到群众的欢迎，并取得了一定的成绩。但自20世纪60年代初，由于种种历史原因，推行工作被迫中断，直到80年代初才得以恢复。1981年和1985年，根据实际情况和需要，对布依文方案进行两次修订。最后确定以布依语中代表性较广的黔南土语（第一土语）为基础，以望谟县复兴镇话的语音为标准音进行规范，制订了《布依文方案》（修订案），为打字、排版、印刷方便，去掉原方案的非拉丁字母，全部采用世界通用的拉丁字母形式（包括声调符号），增加拼写现代汉语借词必需的声、韵、调符号，使之更加科学和全面。新修订的布依文方案自20世纪80年代初在部分布依族地区恢复推行以来，取得了可喜的成绩，深受群众的欢迎。

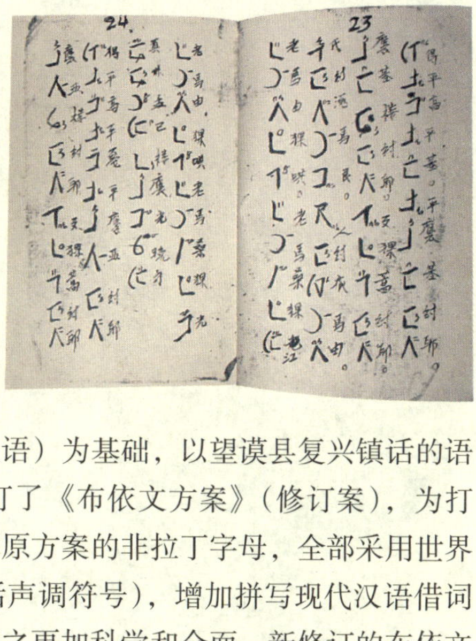

用波拉文记录的布依族宗教文献典籍

第二章
古朴的布依村寨和民居

布依族喜欢依山傍水而居，村寨多顺山势而建，房屋鳞次栉比，错落有致。“干栏”式民居是布依族的传统民居建筑形式，源于远古人类的“巢居”。在贵州中部、西部地区，当地布依族因地制宜，利用当地便利的石材，建造了独特的石板房建筑，是贵州西部一道亮丽的风景线。当今布依族民居建筑形式多样化，随着城镇化建设的发展，现代化的房屋建筑形式也出现在边远的布依山庄。布依族建筑文化有着悠久的历史，围绕住房的建设形成了该民族一些独特的习俗，这些习俗有着丰富的文化内涵。

错落有致的村寨格局

布依族主要生活在珠江水系的南北盘江、红水河、都柳江以及长江水系的鸭池河流域河谷低洼处或自然形成的坝子周边缓坡地带。传统的布依族村寨多依山傍水而建，村前为河流、小溪、田畦，水源较高的地方，远处山坡上还可以顺山开垦梯田，无水源的地方则开为旱地。民居由山脚稻田边开始，一家紧挨一家，一幢幢“干栏”式楼房或落地式平房错落有致，鳞次栉比。村边人畜道路纵横，绿树成荫。20世纪90年代以来，布依族地区道路交通和城镇化建设发展迅速，传统的村寨格局发生了一些变化，民居大多从山上搬到了山下地势低平的地方，为了出行便利，大多顺公路而建。

贵州西部的布依族村寨

布依族村寨的规模大小不等，小的十几户，大的几百户。如

镇宁布依族苗族自治县布依族村寨——石头寨远景

贞丰县必克布依寨有六百余户，是黔西南地区规模最大的布依族村寨。布依族喜欢聚族而居，以一个或几个互有亲缘关系的家族组成一个自然村寨。这种居住模式一方面是受稻作农耕生计方式的影响；另一方面又是传统宗族的内在凝聚力在物质文化上的表现。

传统的布依族的民居建筑非常注重人与自然的和谐统一，通常都将住房建在依山傍水向阳的山麓地带。受汉文化的影响，在住房地基的选择方面，除讲究采光以外，也讲究所谓“志向”。建房时都要请阴阳先生来看“风水”，选择宅基地，找好“向山”和“靠山”。开工建房还要推算黄道吉日，按照所选定的日子进行。在“动土之日”，请地理先生下罗盘定方位，由石匠开土安基石，俗称“定中墨”，然后按中墨砌好屋基。但20世纪八九十年代以来，在民居建筑方面，实用和功利目的逐步取代了传统的观念，经济条件和出行便利是建房过程中首先考虑的因素。

布依族干栏式民居建筑

独具特色的民居风格

传统的民居风格及其类型

“干栏”式楼房　布依族传统的民居建筑是以木质结构为主体的“干栏”式楼居建筑，具有浓厚地域性和民族性特征。据有关专家考证，这种建筑风格源于远古时期的“巢居”，古人为了躲避野兽虫蛇，远离湿地，防止因直接接触潮湿的地面而染病，故仿效鸟类，在树上搭建房屋而居住。布依族的祖先越人就有“构木为巢”的居住方式，史籍中也有布依族先民“依树积木，人居其上”的记载。这种居住形式仍存在于今天热带地区的一些原始部落当中。后来的干栏式建筑在原始的“构木为巢”基础上

▲

布依族传统干栏建筑

有了较大的改革，房屋不是直接建在树上，而是在地上搭建。到宋代，“干栏”式住房发展为“上以自住，下居鸡豚”的式样，“干栏”式房屋的居住格局基本定型。目前，在贵州黔南、黔西南以及云南罗平等一些偏远的布依族村寨，房屋的结构还沿袭这一传统的式样。

“干栏”式楼房，分为木质结构和木石结构两种。木质结构是布依族传统的住宅建筑，具有浓厚的地域性和民族性。住宅通体全部使用木材，冬暖夏凉，适宜当地气候环境。目前在黔南和黔西南许多布依族聚居地区都还有保留。近代以来，有的地区木材逐渐稀少，木石结构就逐渐替代了纯木质结构的“干栏”住宅，即用石头砌墙为壁，木料只用作柱子、椽皮和门窗，但基本的上下两层格局未变。

从建筑形式上，“干栏”式楼房又可分为“落脚型”和“吊脚型”两种。“落脚型”干栏建筑，分上下两层带矮楼，看上去线条明晰，角度悠然。“吊脚型”干栏建筑，俗称“吊脚楼”，是布依族世代相传的传统建筑。木质的排式结构，分上中下三层，上层装粮食，中层住人，下层养牲口和存放农具。“吊脚楼”一般是半间落地，半间吊脚，屋基也分上下两级，前低后高，级差五六尺，呈“厂”字形。前柱吊脚落于下一级地基上，后柱落于靠坡的上一级地基上。靠坡的后半间为平房，室内多数不隔不圈，用做厨房或堆放农具等物。吊脚的部分在与靠山半间水平处的柱腰上凿榫眼架横坊、楼梁铺板，形成上人下畜的“半爿楼”。

布依族传统干栏建筑

落地式平房　落地式平房也是布依族传统民居风格之一，也有一千多年的历史，多为居住在平坝的人们所采用，是受中原汉族建筑文化影响而产生的一种民居建筑形式。传统的落地式平房建筑多采用土木结构或木石结构，高度有统一的规格，通常为一丈六尺八或一丈八尺八，最高可达二丈一尺八，房屋的宽度由一扇立柱每一根之间的间隔来决定，每扇立柱有五根落地，另外至少有四根不落地的立柱，称为“瓜柱”，从离地八尺左右的地方开始，有两块木枋将立柱和瓜柱串连在一起，每一幢房屋至少有

以落地式平房为主的布依族村寨

这样串连在一起的立柱四扇，按固定的距离排开，中间由大梁、檩、楼枕、穿枋连接。传统落地式平房一般分为三开间或五开间，正中的一间为堂屋，前壁向里移进0.67米多，使得大门外走廊较宽，室内布置同“干栏”式住宅一样。富裕人家的平房，有三合院式和四合院式，院子外有宅门。平房只住人，会在平房旁边专门修建偏厦以养殖牲畜和堆放杂物。同样，空间高的平房，也会隔成两层，上层用于存放粮食。但在黔南一些布依族地区，储存粮食的粮仓是单独修建的。

知识链接 **仓房** 黔西南望谟、册亨一带布依族村寨独具特色的一道风景线。布依族山寨家家户户的屋旁都有一座座凉亭似的建筑，底部用柱子架起来，底座为正方形，底部为锥形，这就是人们用来装粮食的仓房，俗称圆仓。每座圆仓高八米左右，能装数千斤谷子。

石板房 石板房是黔中地区的布依族群众因木材缺乏就地取材而建筑的一种住宅。石板房的造型从外观上看与平房相似，一般以三间式为主，也有一正二厢的庭院布局。有些人家还建造一楼一底，楼上住人，楼下为牲圈。这种建筑普遍用石头砌墙、石板盖顶，顶部呈“人”字形，只用木头做檩子和椽皮。室内用石料间隔，石柱支撑，石阶进门。整幢房屋除了几十根木头架设铺板外，其余都是用石头修成。石板房的建筑工艺精湛，造型美观大方，风格古朴，与自然融为一体。

布依族村寨中的仓房

城镇化发展及布依族民居建筑的变革

20世纪八九十年代，随着我国西部大开发战略的实施，社会经济迅猛发展，城镇化建设的步伐不断向前推进，铁路、公路交通以及水利水电工程建设使布依族地区面貌焕然一新，随着西部地区民工潮的兴起，年轻一代的布依族人纷纷走出被大山隔绝了数千年的故土，不断涌向大城市，涌向经济发达的东部沿海地区，凭自己勤劳的双手和智慧与技能，去实现自己走向富裕的梦想，打造属于自己的幸福生活。山外面精彩的世界彻底改变了怀揣梦想的年轻一代布依人的传统观念，他们把自

布依族村寨中的现代楼房

己在外面了解的一切带回自己的家乡，去改变那片本来就属于自己的热土。

于是，自20世纪末以来，传统的布依族村寨开始逐渐地发生了变化，在很多地区，70年代还随处可见的草房完全不见了踪影，纯木质结构的“干栏式”楼房成了珍贵的文物，石木结构的楼房成为布依族村寨中民居建筑的主流。再后来，“人”字形的房顶渐渐减少，取而代之的是钢筋水泥浇筑的平顶楼房。最初，这种房屋结构比较简单，多为单层或一楼一底，三开间，墙壁的材料就地取用，以石头和砂浆垒成四四方方的3个格子，以钢筋混凝土浇筑成横梁，然后在横梁上浇筑混凝土楼板，单层的楼房通常高度都在3米到3.5米左右，两层的则稍微低一些。早期的平顶楼房多保持混凝土的本色，很少装饰，远处看去就像一盒盒灰

扑扑的火柴盒子，穿插在传统的“落地式”楼房或“干栏式”楼房之间，很不协调。有些人为了方便出行，将这种楼房建在公路边，有碍观瞻。另外，这类楼房早期的设计普遍存在的缺陷是四壁窗户留得少而且小，不仅采光较差，而且通风也不畅。多顺山而建，工程量较大，建设者缺乏排水、防水意识，存在防洪的隐患。

近十年，这类钢筋混凝土民居开始成为一种流行元素，在布依族地区，哪怕是很边远的村寨，这种民居建筑都随处可见。不过，比起早期的建筑形式，近年来的平顶楼房建筑在设计和建筑水平上有了较大提高，外观上也更有审美价值，墙体多以空心水泥砖代替人工开挖的石料，外墙以白灰粉刷，有的还在墙面上绘制各种图案，或在外墙贴上带有彩画的瓷砖。在采光和通风方面也比以前更考究，不仅窗户开得大，而且还安上了塑钢玻璃门窗。楼层已不再局限于单层或一楼一底，三层以上的楼房都很常见。过去的房顶清一色为平顶，楼顶通常用作水池，下雨时蓄水，以备干旱时取用。现在这种建筑风格整体或局部恢复“人”字形房顶。室内的布局和装修也较之以前有较大的进步，过去，室内格局都相对简单，通常保持传统楼房建筑的风格，当中一间为堂屋，两侧均分为两小间，分别作为主卧、客卧和厨房。而现在一般都不再拘泥于这种传统的格局，由于房间通常比原来的多，空间比原来大，所以室内的布局上也相对灵活多样。经济较宽裕的家庭，室内的陈设与城市居民没有多大区别，电视、VCD甚至家庭影院应有尽有。

一些地方，尤其是交通干道沿线的布依族村寨，民居在整体规划和建设上得到当地政府技术和经济上的支持，尤其是移民安置点的住房建设，基本上都按统一的建筑风格进行规划，尽可能地符合城镇住房建筑的标准。农村地区则要求在向城镇化靠拢的同时，保持传统的民族特色，而这恰好是一个需要深入探讨的问题。

建房习俗及礼仪

建房的步骤

布依族人修建住房，从开始动工到搬进新居，要经过择屋基、建屋基、架马、立柱、上梁、钉大门、迁居等步骤。

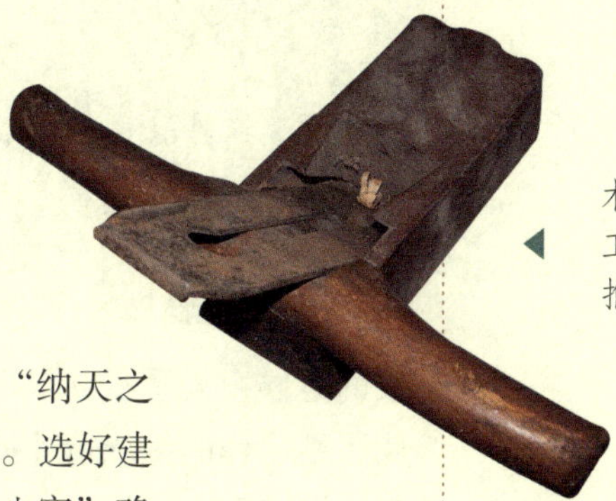

木工常用工具——推刨

首先是择屋基。地基的选择非常考究，过去通常要请风水先生来帮着选择，所选的地基要既“乘地之气”又“纳天之气”，据说这样才会兴旺发达，世代吉昌。选好建房的地点以后，还要根据主人的“生辰八字”确定住宅的坐向，并定好良辰吉日，动工建房。

然后是建屋基。开工日子定好后，主人就请本寨或家族中的男壮年帮忙开石、挖地基。不过现在的建房工程大多承包给施工队。传统落地式平房，三间地基的总长一般为11.4米，中间堂屋长4米，两头为“小二间”，各长3.7米，宽为6、7、8米不等。地基深度一般挖见本泥后再下挖20~30厘米，基槽挖好后，用石头砌成下底宽60~80厘米、上口宽40厘米、高出地面45~75厘米的石墙（用石灰勾缝），地基即完成。地基两侧和后面一般用“毛石”，正前面则要用料石（用錾子凿平起錾路的石凳、石条）砌成。建高架板壁房，架在柱子头穿上的短柱叫“瓜”。一般是五柱二瓜或五柱四瓜，最大的是七柱四瓜。落地的柱子要安在石头上。因此，在立柱前，石匠要选择较大的石头，加工成圆柱或方柱体，安放在柱子落地的位置。堂屋正中地基前，安放3~5道石梯。石梯长1.27米，宽0.27米。

地基建好后，木匠开始上阵。传统的布依族民居木工比较多，尤其是纯木质结构的干栏式建筑。建房之前，主人家首先要将所需木料备齐，木匠师傅在所备木料中挑选，哪些适合做哪一个部件，然后根据预先设计好的方案对材料进行修整。布依族民间的木匠师傅做木工大多凭经验，很少有预先绘制图纸的，立柱、穿枋的基本尺寸，哪儿该打眼，哪儿该加楔，卯榫的大小等，一般都能做到心中有数。主要的丈量工具是一只墨斗和一把角尺，偶尔也会用到水平尺之类的现代工具。普通人家的房屋建筑，做工通常都比较粗放，很少用到雕梁画栋之类的精湛工艺，

木工常用工具——各种凿子

充其量在房檐凸出的地方雕凿一些曲线等。除了木匠本人以外，锯、刨、凿等大量的木工活都需要帮手，尤其是将每扇立柱和瓜柱用穿枋安投眼的时候，人手不够是很难完成的，因此，在这关键时刻，布依族团结协作的传统精神就发挥了作用，通常情况下，寨邻、家族都会提供无偿的帮助。

知识链接 **立柱** 建房过程中最重要的一个环节。传统建筑通常有四扇立柱，每一扇用穿枋串好后，分别平放在地基的左右两边，待确定好的吉日一到，便在寨邻、家族和亲戚朋友的帮助下，将四扇立柱全部立起，再用横木和穿枋将四扇立柱固定起来，等着上大梁。

建房的习俗及礼仪

布依族建房过程中每一个步骤、每一个环节都包含着丰富的民俗文化内涵，备受关注和重视。从宅基地的选择、地基和房屋朝向的确定都遵循着祖辈沿袭的传统。过去，有两个以上儿子的家庭，祖辈传下来的老房子通常由小儿子继承，其他儿子则结婚分家后，必须自己建房独立生活，通常情况下，老房子周边有空地的，可以在老房子旁边接出几间，或在侧面盖厢房，搭偏厦等，如果老房子旁边地很紧张，则需要另寻他处作宅基地，如果自家的土地不适合做宅基地，通常可以通过置换的方式，在家族内部或寨邻协商解决。地基方位的确定，其重要性自不必说，据说，这是决定今后家族是否兴旺的关键，因此至关重要。

动土安石建地基之前，主人把准备好的一只公鸡、一壶酒、

一升米、香、钱纸放在拟定建屋基处；摆上供品，供品通常是两碗猪肉、一碗豆腐、一碗米饭、一碗酒，以及石匠的工具，主人和石匠一起焚香烧纸，敬供山神，将鸡冠上的血滴在酒碗里和石匠的工具上。若鸡冠血滴在酒碗里成团状，表示吉利。随后，把鸡杀了，并将它提起绕屋基转一周。择吉时，在拟建堂屋的中间埋入一块石头。地基建好后，开始做木工之前，首先要举行“架马”仪式。

知识链接 **架马** 按择定好的日期，主人先将一根拟作堂屋右侧面中柱的圆木抬至屋基正中木马上，再拿来一根预先准备好的竹子，剖成两块，一块与中柱一样长，叫长杆；一块五尺长，叫五尺杆。木匠按主人住房的高度及楼高，在长杆上需要打眼子的地方打上记号。打完记号后，主人将准备好的一只公鸡、一壶酒、香、钱纸、刀头肉等，摆在堂屋正中，同木匠一起焚香烧纸，敬供鲁班，并用鸡冠血滴入酒碗，再滴在木匠工具及柱头上，然后木匠用斧子砍除柱头，这一过程叫“架马”。

架马仪式过后，木匠开始制木架，在主人择定立柱的前一天完工，并由主人请寨邻或族中的人来帮忙，把三间房子的四列柱子用穿枋按部位投好眼子，在地基的两侧搭起架子，把排好的木架柱子的一头两扇斜靠在所搭的架子上，待第二天，按择定时辰立柱。

立柱之前，堂屋中间要摆设“鲁班桌”——石匠用大桌放在正中，木匠用小桌摆在大桌的左边。石、木二匠的工具各摆在各自的桌上。主人把准备好的猪头、猪脚、猪尾和装上粮食的斗、升及主人的一套新衣服摆在大桌上，大桌后面绑上丈杆。小桌上摆放主人准备好的一把伞、一床草席、一只公鸡、一块3斤以上的猪肉及一桌酒菜。然后将草席打开，围住小桌绑好，用木匠的五尺杆把伞绑在小桌后面正中，打开伞遮住桌上的祭品。主人和石、木二匠焚香跪拜后（叫祭先），木匠就用公鸡冠上的血滴在酒碗内及工具上，将鸡杀死，提起鸡从堂屋左边转到右边，然后用锛锄将带血鸡毛钉在中堂左边一扇的第二根立柱上，同时默念祭词，脚在地上画“免”字，接着，手拿铁锤，提高嗓门说：

弟子手拿一把锤，此锤不是非凡锤，鲁班赐我是金锤。锤一声，惊动天，天神土地得知闻；响二声，惊动地，地门龙神得知闻；响三声，惊动人，亲朋好友得知闻。惊动亲戚全站齐，弟子金锤大声吼，亲朋亲友请努力。一发天长地久，二发地久天长，三发荣华富贵，四发儿孙满堂，五发五子登科，六发六州状元郎，七发七个儿子中皇榜，八发金玉满堂，九发千年富贵，十发满堂文章。

随后，一锤打在柱子上，大喊一声“起”！帮忙的人就把柱子竖起，先竖堂屋的两列，把榫头打归位后，再准备上梁。

上梁是建房中最热闹的场面。大梁一般由外婆家送来，以梓木为梁。上梁要择吉时。木匠将大梁修整完毕后，主人拿碎银、五谷盐茶、当年历书、两枝毛笔、五色布、一尺二寸红布、四个铜（或银）元，用红布包在梁中下部钉成棱形，表示吉祥如意。至亲好友送来的红布挂在梁上。挂红要说四句。挂完红后，主人家将准备好的装着米的一把升子放在梁的正中，把三炷香、一对红烛插在升子上，还要将红封放在升子里给木匠。在梁的中部和两端各摆上一个碗，倒上酒，主人家拿一只公鸡给木匠，用公鸡冠子上的血滴在酒碗里，焚香祭梁。祭梁时也要说祭梁四句。说完后，木匠拿起斧头敲梁一下喊声“起”！大梁在众人的扶持下缓缓升起。大梁的根部代表主人家，尖部代表外家。据说哪头先落榫就是哪家好，所以，一般不能抢先落榫，要一起同步落榫，意思是双方都好。大梁落榫后，石匠披着红站西边，木匠披着红站东边，共同拜礼后，两人交叉走，石匠走东，木匠走西，对说四句。比如西边说：

你在东来我在西，二人挽手爬云梯。
脚踏楼梯步步高，手扒仙树摘仙桃。

东边则说：

脚踏楼梯第一步，双喜临门福增寿。
脚踏楼梯二步长，主家请我来抛梁。
三步登高上楼来，主家梁上我安排。
今日把它安排好，荣华富贵从此来。

梁粑 ▶

知识链接 **梁粑** 布依族上梁活动中，主人将糯米粑切成片块分成两提篮（有的是用高粱粑），在篮内各放入两个碗口大的糯米粑。梁的两头各一提篮，叫梁粑。

一个说完后，另一个接着对，如果对不上，就要受到前来贺梁的亲戚朋友们取笑。把四句说完后，石、木二匠请主人站中央，说："主人房子四角方，要请主人跪中央。"并在主人背后拴上围腰，一边一个人扶着牵起围腰角，称为接金银财宝，讨口封。石匠、木匠把梁粑抛在主人家的围腰内说："我今赐你一锭金，荣华富贵管万民。"撒几把给主人后，就撒在房屋的周围，边撒边说：

一撒东，子子孙孙坐朝中；二撒南，子子孙孙做高官；三撒西，子子孙孙穿朝衣；四撒北，主家发财了不得。

同时让大人小孩争抢。谁抢得越多表示越吉利，据说就会心想事成。

把梁粑撒完后，就钉大门。木匠说：

手提斧头白如银，主家请我钉财门。

手提门钉子十二颗，钉起就是状元门。

把门钉好后随即开财门，一人在外，一人在内，一问一答。对话内容包括有人要给主家送财帛，送财帛的人一路历经坎坷，来之不易，让主人家快快开门迎接等等。

欢乐的日子

房子装修好以后，要择期乔迁新居。日期一般选择在农历的腊月，忌二月和八月迁居。搬家前要请先生安家神，用红纸书写神龛牌位贴在堂屋中间上方。入宅的时辰都以当日的"黄道时"最佳。进新房以后，将预先准备好的饭菜酒肉摆在堂屋正中八仙桌上，焚烧纸钱敬供天、地、菩萨、祖宗。敬供完后，面对神龛拱手作揖3个，磕头3个，随后分别奠杯中酒，动一下菜碗和饭碗，表示主人的心愿，望今后主人事业顺心如意，财源茂盛，大展宏图。祭祀完毕，鸣炮祝贺。亲朋好友或寨邻前来送礼贺喜。主家设宴热情款待，大家以酒为乐，猜拳行令，通宵达旦。

第三章
素净典雅的民族服饰

青、蓝是布依族服饰的主色调，素净而又典雅。布依族男装较为朴素；女装则根据地区的不同而有所差异，大致可分为四种类型，即分布在贵州西北部、西南部、中部和东部。布依族妇女服饰经历了漫长的历史演变过程，目前多数地区妇女仅在庄严隆重的场合才穿本民族服装，日常生活中着装与汉族女性无异。布依族有自己传统的纺织工艺，编织的土布不仅可以作为服装的材料，还可以作为床单等工艺品，远销全国各地。布依族的蜡染、蓝靛染和扎染、枫香染等印染工艺也颇负盛名。

布依族的传统服饰，式样纷繁复杂，多姿多彩。因地区的不同而各具风格。作为一种物质文化现象，服饰的产生与变化总是与社会的经济发展相适应的。布依族自古以来就在南北盘江、红水河流域及其以北的广大地区生息繁衍。这一地区处于温带或亚热带，气候温和，雨水充沛、土地肥沃。布依族的服饰文化充分体现出其对自然地理环境的适应性。

服饰类型

传统的布依族男装式样简单，与汉族服装大致相同。一般穿对襟衣或大襟衣大裤脚长裤。各地区只有衣裤的宽窄和长短有所不同。也有穿青布长衫扎白色腰带或蓝色腰带的。威宁一带男青年的衣着有扎裹腿，穿绣花凉鞋的特点。男装与其他民族差别较显著的有罗甸、望谟、册亨、贞丰等县，大部分包花格子帕，其他地区包青帕或白帕。

贵阳市郊布依族男女服饰

传统的布依族妇女服饰民族特点较浓，但同时也具有较明显的地域特征，这些特征既与语言的区域变异有一定的联系，又与地理分布有关。从语言的地域变异看，第一、二土语区绝大部分着裤装，即上衣下裤；第三土语区绝大部分着裙装，即上衣下裙。但内部也有一些细微的不同。从地理分布情况来看，西北地区大部分着裙装，南部和东南地区大部分着裤装。

布依族家庭，对小孩儿十分珍视，妇女勤劳，每个母亲都将自己的小孩儿装扮整齐，打扮得惹人喜爱。现在学龄儿童的衣饰装扮多数汉化，这与小孩儿接受义务教育穿校服有关，但在隆重场合，如传统的三月三、六月六等节日，小孩儿都会穿民族服装，服装的式样和色彩与大人的基本相同，差别不大。童帽是最具民族特色的装扮，每个小孩儿都有精美的童帽。母亲会根据自己的喜好、小孩儿的脸型等选用各色布料和绸缎进行缝制。童帽上有精美的刺绣，漂亮的“栏杆”镶边，有的还镶嵌银饰。童帽的形状多种多样，有仿动物头面的，如猫头帽、狮头帽、兔头帽等；有仿古代头盔的包耳帽、仿文官的乌纱帽等。帽子正前面，钉满银质罗汉或玉质罗汉，或者钉上刻有“长命富贵”等吉祥字样的玉扣；帽子背后，吊有彩色垂须和数个银质的小铃铛，走在路上，当当作响。布依族童帽，绣工精美，材质考究，各具特色，是珍贵的民族工艺品。

布依族女童

传统的布依族妇女服饰从服装样式上可以大致区分为裙装和裤装，一般说来，贵州西部包括安顺市的镇宁中北部、普定县西南部、关岭县北部，六盘水市的大部分地区，黔西南布依族苗族州晴隆、普安以及望谟的部分地区，其他地区除中老年妇女在丧葬场合穿裙装参加特定的仪式以外，其余场合均为上衣下裤。布依族妇女的裙装和裤装在一定程度上与方言土语的划分大致吻合，即第一、二土语大多着裤装，而第三土语大部分地区则为裙装。这里按分布地区对各地布依族妇女的服饰着重进行介绍。

西北地区的服饰

这一地区包括贵州省安顺市的镇宁、关岭、普定，黔西南布依族苗族州的晴隆、普安两县的北部和望谟的个别地区，六盘水市和毕节市的威宁彝族回族苗族自治县，绝大部分属于布依语的第三土语区。妇女几乎都着裙装，俗称“百褶裙”。表面上看大致相同，但地区之间差别却很大。

▲

着盛装的布依族妇女

如仅镇宁布依族苗族自治县就有7种服饰的差别。这种差别部分原因是受地理环境不同的影响，主要原因是由于地区之间经济文化发展水平不同所致，当然各地区审美观念的差异也不可忽视。如镇宁县扁担山和下募役两个地区的妇女穿的同样都是蜡染裙，妇女婚后在长住夫家之前，都要举行戴“更考”的仪式，未成年的少女和已婚无生育以及婚前婚后的妇女，穿的都不一样，这是两个地区的共同点。但扁担山的青年妇女（婚后未到夫家长住者）头戴多层方巾，方巾宽约一尺，长约二尺，面上一层是青布，两端绣有各种花纹图案，里面一层多是蓝布，中间五六层是白布，戴时要同假发发辫一同盘扎戴上，使面上

布依族妇女服饰 ▶

一层覆顶垂之于后颈，显出色彩鲜艳的绣花图案。下募役一带妇女戴的青布头帕约有五尺长，五寸宽。戴时把它折成四厘米宽的发勒条，缠住头上左右两边的两个绣花片，这两个绣花片约有三寸长二寸宽，绣有精致的花纹图案。缠好后即从前额到脑后插上一根约一尺长的银签。这种头饰要一直戴到举行“更考”仪式后为止。

▲ 盘县布依族妇女服饰

衣裙花纹色彩也有很大差别。衣服部分，两个地区的妇女都穿青布小袖窄腰大领衣，盘肩、襟沿、领沿、袖口、衣摆都镶有“兰干”（花边）。不同之处在于袖筒上的三截绣花镶边，扁担山一带上下两截镶边为蜡染花布，花色各不相同，中间一截为自织的锦片。三道花边均环袖筒的外部，贴身部分空着。下慕役一带上中两截为红绿两色绣花，下截在袖口处为白色。袖筒花边内侧不留空。衣服后摆部分镶有相互叠压的多色布条，呈弧形，与扁担山也不一样。裙子部分，两个地区都穿蜡染百褶裙，裙长迄足背。裙花有白果、蕨菜等花纹。但下慕役一带除穿裙外还系长围腰，扁担山一带不系围腰，但以一次穿五六条甚至七八条裙子为美。

◀ 贞丰沙坪一带布依族妇女服饰

除上述两个地方着蜡染裙以外，其他地区均穿青布或蓝布长裙。裙沿或裙中截均有各色镶边。衣服有的镶“兰干”，有的不镶。大部分都系青布长围腰，并系长腰带。这些地区的妇女所戴方巾也各不相同，有的戴单层，有的戴多层。六盘水妇女头巾为黑白两层，用银链把方巾连同发辫包扎起来，露出白布边沿。关岭一带只戴单层方巾，不兴戴“更考”。威宁一带少女头戴绣花勒条20多根，扎裹腿，穿绣花凉鞋，在衣裙外面，另套一件对襟白褂和一条长白围腰，胸部敞开，可以看到大小衣领边沿的花纹图案，颇有特色。望谟打易一带虽属西南地区，但也穿裙装，衣裙与镇宁北部地区类似，只头上戴的方巾为蓝格花纹，垂须部分略长，有如喜鹊尾巴。

西南地区的服饰

西南地区服饰包括贵州省黔南布依族苗族自治州罗甸，黔西南州望谟、册亨、贞丰、安龙、兴义、兴仁、安顺市的镇宁、关岭、紫云三县的南部以及云南省罗平等县（市），基本上都属于布依语第一土语区。这个地区妇女普遍穿大襟衣、长裤脚。衣服的盘肩、袖口、襟沿镶有兰干。裤脚为大褶边，或蓝色裤脚镶一截青布和兰干。衣服的长短和裤脚的大小，各地区都不相同。

册亨一带衣服较短，裤脚短小，包花格长帕，胸颈挂彩珠项圈，手套玉石或骨制手镯。望谟一带青年妇女把花格帕折叠后缠戴。贞丰一带的衣服较长，裤脚不折边，青年和老年妇女基本相同。但青年妇女包的花帕形状如牛角（人称“牛角帕”）。靠近北部地区，衣裤都较长。而且不镶兰干，衣裤和帕子多为青色。安龙、兴义一带则多包白帕，衣裤亦不镶兰干。西南一带地区衣裤已渐不镶兰干，但还穿自织的土布衣服，头上还包花格帕，一些地区与汉族妇女装束完全一样了。

中部地区的服饰

中部地区服饰包括贵州省黔南州的惠水、长顺、龙里、贵定等几个县的全部，贵阳市各区（县），安顺市紫云县的东部、西

贵阳市郊布依族妇女服饰

秀区、平坝县，基本属于布依语的第二土语区。这个地区的妇女服饰处于改装的过渡地带，所以表现出多样化。大部分已不穿裙，都喜欢穿青、蓝色的衣裤，但头饰却甚复杂。如镇宁六马地区，在清代还穿百褶裙，现在逢过节日和婚丧喜庆才穿。她们喜欢戴银项圈、银耳环、银手镯等，非常富丽。镇宁与紫云交界一带，妇女头上戴大银碗，有的除戴银碗外还横插长银簪；头帕有各种颜色，戴法也因人而异，有的戴成牛角状，有的戴成菱形，有的戴成筒状，有的戴成帽形，有的戴成圆盘形，区域性特征都很浓。惠水一带女青年，喜用市场上卖的毛巾包头，多系各种花色的短围腰。花溪一带则用青帕制成帽形，穿无领大襟衣及长裤，盘肩、袖口、襟沿和裤脚，都镶有兰干，不戴围腰。安顺一带妇女穿着与当地汉人一样。中部地区戴围腰很普遍，各种式样和花纹图案都极精美。所有这些都显示出布依族妇女的性格特点和刺绣技艺。

东部地区的服饰

东部地区服饰包括独山、荔波、平塘、都匀等县（市），属第一、二土语区。这些地区大部分已改穿汉装，只有平塘掌布一带的布依族妇女，仍在襟沿、盘肩、袖口、裤脚等处镶有大兰干（即宽花边），头戴自织的锦帕，包头如筒状，颇具特色。其余地区只有系各种花色图案的短围腰为民族特征罢了。

服饰演变

“服饰”一词，包括“服装”和“装饰”两部分，从出现顺序看，应该是先有“服”，后有“饰”。布依族服饰，是伴随着自然条件、社会条件、意识形态和社会制度的变化而发展演变的。

从材质上，服装经历了从树皮、兽皮到麻、棉或丝的制衣过程。最早的衣服是原始人用石器将兽皮简单分割，披于身上。到了新石器时期，出现了石纺轮和陶纺轮，布依族先民学会利用植物纤维进行纺线，编织衣服；再后来，从采摘野棉花到种植棉花技术的发展，这种经济实用耐穿的棉布逐渐成为广大民众普遍使

▲

布依族妇女服饰（黔南类型）

用的服装材料。

从式样上，服装经历了从披袍逐渐过渡和改良到女装上衣下裙、男装长袍形制，再到男女装基本为上衣下裤的阶段。披袍的形制主要来源于最初的兽皮装，将一块完整的兽皮披在肩部或围系于下身，或在兽皮的中央穿一个洞，套在脖子上或披于肩上，成为服装最初的形制；后来发展到衣裤（裙）分离，这也是在长期生产过程中总结出来的便于劳动生产的服饰。布依族服饰，总体上“女繁男朴”，男装较为简单，上衣最初是长衫，后改为对襟衣，戴头帕；妇女的服饰以前为上着短右衽大襟，下装多以长裙为主；后由于受到汉文化以及某些极端政策的影响，布依族许多地区妇女易裙着裤装，直至今天。

服装装饰物也是从简到繁，不同的地区表现形式不尽相同，这也充分体现了民族的审美趣味。大体上来说，从色彩上，布依族尚青、尚白，尤其是靛染的出现，对“青色”的追求成为标准；服装上的绣花、图案表现了布依族朴素的美学思想，衣裙多以蜡染、刺绣、织锦图案作装饰；各个地方不同的头饰也显示了布依族内部不同地域之间的细微差别。

从历代地方史志的记载来看，布依族古代妇女都着裙装，各地布依族古歌中也都有布依族妇女dancgunz（穿裙）的描写。花溪一带的布依族家庭，母亲过世，必须要给她穿裙装。

《旧唐书·南蛮传》记载：

横布两幅，穿中而略其首，名为通裙，男子左衽，露发徒跣……

明弘治《贵州图经新志》记载：

……妇女以青布一方裹头，著细折青裙，多至廿余幅，腹下系五彩挑绣方幅如绶，仍以青衣袭之。

清乾隆《南笼府志》记载当地布依族：

椎髻长簪，银环贯耳，项挂银圈，以多为贵，衣短裙长，衣色青、蓝、红、绿，花绣为缘，饰裙以青布十余幅，细折镶边，委地数寸，腰以长花带数围结于后，带垂若翅。

这种衣饰非常华丽，可能反映了元、明以前布依族的服饰特征。

布依族妇女服饰（黔南类型）

清乾隆之后，布依族服饰才逐步发生变化。在罗斛（今罗甸）、册亨等处"……妇女短衣长裙，首蒙青花手巾"。乾隆《独山州志·苗蛮》也有布依族"妇女渐改汉装"的记载。独山州（今独山）一带"以青布蒙髻，长裙细褶……年少妇女，项挂银圈，腰系白铜烟盒，彩线丝绦，环身炫目"。这些记载，说明在乾隆以前，各地布依族妇女衣着，普遍为百褶长裙，以银饰品作装饰；南笼、独山等地区还用彩绣或彩绒丝绦缀上衣裙而环身炫目。制作讲究、典雅，银饰多。清人爱必达《黔南识略》也载有荔波方村一带布依族"衣服皆尚青，发挽高髻，斜插长簪"的记述。由此可见清初有的地方已易裙为裤。到现在，有的地区已全改穿汉装，如贵州省黔西南州安龙、兴义和兴仁等县（市）的大部分地区，毕节市的黔西、织金、大方等县以及贵阳市的修文、开阳等县。有的还保存了一些古代痕迹，如黔西南州的贞丰、望谟、册亨等县以及贵阳市郊的部分区（县），有的地区则保存得比较完整，如安顺市的镇宁、关岭、普定等县，黔西南州的部分地区以及六盘水市。服饰的变迁是民族文化接触和交流的结果。布依族妇女服饰的变化趋势是裙装逐步改为裤装，在着裤装的地区，袖筒、裤脚逐步改小，衣服逐步改短，而且逐步不镶兰干，但围腰的式样和花纹，则更加精美绚丽。

20世纪90年代以来，布依族传统服饰在日常生活中的功能渐渐被削弱，80年代以前，除此前已经改装的部分地区外，布依族分布地区，无论聚居还是散居，也无论老少，女性都普遍穿本民族服装。但随着打工潮的兴起，布依族女性纷纷走出传统的生活区域，与外界广泛接触，着装观念、审美情趣等都发生了变化。在外打工的青年妇女基本改穿汉装，只有过年过节回到家乡，才有部分妇女在个别场合偶尔穿戴本民族服饰。在家的中青年妇女也只有在节日或红白喜事，才穿本民族传统服装，平时都穿汉装。在学校读书的女生，无论在本村还是在乡镇中心学校上学，大多统一穿学生装。因此，在多数布依族地区，目前只有五六十岁以上的老年人常年穿民族服装。

21世纪初以来，各级地方政府和布依族民间社团十分重视布依族传统文化的抢救和保护，贵州省布依学会在布依族传统服饰的保存方面做了大量的工作，在广泛调查的基础上，综合各地布依族服饰的主要特点，设计出了几套比较有代表性的布依族节日盛装，深受广大布依族群众的欢迎。各地布依族民间社团组织节庆活动时，参加者都身着本民族服装。在布依族民间，近年来恢复穿本民族服装的女性也不在少数。

布依族服饰制作工艺

纺织工艺

从布依族地区出土的陶纺轮、石纺轮看，早在远古的新石器时代，布依族先民已能将野生植物的纤维捻成细线，织成粗布，

布依族纺织

学会了原始的纺织技术，能穿上衣服了。布依族民间传说，古时候布依族先民先是采摘野棉花、木棉、葛藤麻来织布，后来才学会种麻、种棉。经过漫长的发展，至宋、元时期，布依族纺织的棉布已作为献给朝廷的贡品。《元史·泰定帝本纪二》载：

致和元年（1328），安隆寨（今安龙县）土官岑世忠籍其民三万二千户来附，岁输布三千匹。

《续文献通考》土贡一：

泰定三年（1326），八番（今惠水县）岩霞洞来降，愿岁输布二千五百匹。

勤于耕织，历来是布依族经济的主要特点。明弘治《贵州图经新志》载：

仲家（布依族）勤于耕织，善治田。

清《安顺府志》说：

仲家……善织布用以为衣。

民国时期的《册亨县志访册》说：

县属居住夷人（即布依族）善织花纹棉质被单，各色其备，每匹约值大洋三元左右。尤以第五区出品者更为精致。

民国时期的《关岭县志访册》说：

斗纹布，其纹正方形、方形大小约二分半；斜纹布，其纹为斜方形，斜方面积约等斗纹布。均柔韧而可观。本县人多乐用之。花卧单亦多细密适用，所织者年获数百元。

织布的布依族姑娘

因土布质地优良，有“布依土布盛水不漏”之誉。

布依族妇女除农忙外，平时多忙于纺纱织布。女孩子一般从十一二岁开始学纺纱，到十五六岁已熟练掌握各种织法。“布依布”又称“仲家布”，精致的布料有斗纹、斜纹、虾子纹、鱼骨纹、米粒纹、桂花纹、梅花纹、格花纹、八角纹、方块纹、缎子布等十余种。据清代的《黔书》记载，当时家家种棉花，给姑娘留有“棉花地”，又称“私方地”。姑娘出嫁时的私方布有“积多者二十余幅”。加工棉花和纺织用的工具主要有轧花机、松花机、引线架、滚线筒、套线帘、竹筘、梭子、织布机等以及各种细小部件，都是竹木制品。这些工具自己加工，也有专人制作出卖，寨子里90%的人家都自有一套。

在布依族人的观念中，织布的质量好坏和数量多少，常用作衡量富裕和勤劳的标志之一。20世纪80年代，荔波、独山、贞丰等地土布输入到国际市场，深受欢迎，每年为国家赚回大量外汇，同时给布依族家庭增加副业收入，刺激了纺织业的发展。

布依族染布用的蓝靛

印染工艺

与土布纺织密切相关的“靛染、蜡染、扎染、枫香染”等印染业，在布依族传统工艺中也很著名。

靛染 靛染是布依族的主要印染工艺。直至20世纪70、80年代，布依人日常穿着的土布服装，全都经过靛染。靛染经技术处理，可把布料染成蓝色、中蓝、浅蓝、灰、深灰、青色和月白色道。过去，布依族地区民间90%的农户都有土靛染缸。

漂白，是靛染的一道工序。古法多在有阳光和露水的天气进行，清早时将白布晒在草坪上，这样连晒数天，直到布面洁白为止。经过漂白的白布，靛染时容易上色，而且经久不褪。另一种方法，是采用鲜牛粪做漂白剂，漂白时，先将适量新鲜牛粪放在木桶里搅匀，然后放入白布进行翻搅，时间不宜过长，到时立即取出在阳光下晒到半干，再带到河边冲洗，土布就发白了。鲜牛粪不仅起漂白作用，而且能除掉布上棉籽的黑点。漂好白布后即可进行靛染。

布依族用蓝靛染成的土布

知识链接 **靛** 由一种名叫“蓝靛草”的草本植物制成。

往装有蓝靛的染缸中加入适量的河水、石灰、土碱、白酒作为原料，让其起化学作用后，把白布煮过再下缸。经历7~10天，每天取放3次，3天冲洗一次，即可染成需要的颜色，达到“上药”程度。上药是取糖梨树皮和红子刺皮加清水熬成紫红色水汁，将上色布轻放于紫水中浸泡，取出晒干，下缸靛染，同样每天取放3次，经最后一次冲洗晒干，即成“上药”后理想的青布。

蜡染 蜡染也要经过以上工序。不同的是要先在白布上画好蜡染图案，才能下缸靛染。

布依族蜡染历史悠久，南宋周去非《岭外代答》和朱辅《溪蛮丛笑》对此有较详细的记载：

以木板二片，镂成细花，用以挟布，而溶蜡灌于镂中。而后乃释板取布，投诸蓝中，布即受蓝，则煮布以去其蜡，顾能受成极细斑花，炳然可观。

模取铜鼓文，以蜡刻板印布，入靛缸渍染，名点蜡幔。

当时的蜡染制作方法与现在颇为相似。布依族农村的女孩子从小就开始学习蜡染，到十七八岁时工艺技术已相当熟练。主要盛行于安顺、镇宁、关岭、普定、六枝等地。

制作蜡染作品的布依族妇女

蜡染方法：以蜂蜡加温溶成蜡汁，用铜制蜡刀蘸蜡汁在布上画成各种图案，靛染成蓝色或浅蓝色，经煮水去蜡，冲洗晒干即成。蜡染布除了绘制的蓝白相间的图案外，还具有美观的自然冰裂纹，是我国著名的工艺品之一。布依族蜡染制品，常见的纹饰主要有螺旋纹、同心圆纹、锯齿纹、方格纹、三角纹、菱形纹、太阳纹、水波纹、云雷纹等。同形组合，多形成体，有的花上套花、花中显花、方圆并蓄，线条均匀对称，有较高审美价值。不少纹饰与布依族保存的古代铜鼓纹样相同，这就是《宋史》所说的："模取铜鼓纹，以蜡刻板印布。""刻板印布"之法近现代使用不多，代之以灵巧手工随心作画，更具艺术风采。民国以前，蜡染制品多是布依族妇女制作自用，或在本地市场出售。

中华人民共和国成立后，人民政府重视发展民间传统工艺，许多专业蜡染厂相继建立，产品遂形成大宗商品，远销各大中城市的旅游景区。20世纪80年代以来，还有布依族蜡染师傅受聘在北京、广州等地建厂生产蜡染制品就地销售。

布依族扎染作品

扎染　扎染又称折染。做法同蜡染相似，但花纹不用蜡绘，而是把白布按照所需花纹折叠好或用粗线铺成花纹，再把布包起来缝好，拆线即出现花纹，亦很美观大方。花纹有蝴蝶、花枝等，一般做床单用。此法多盛行于惠水、长顺、贵定、平坝、织金等县布依族村寨。

点染 点染主要盛行于贵定、平塘、龙里、都匀、独山等县市。当地布依族以蓝靛、黄豆浆、石灰、冬青叶、枫香叶等为原料制作点染制品。其做法是，先将黄豆浆和石灰浆搅匀点在放油花板的白布上，板上刻有虫鱼花鸟、云雷纹、几何纹图案，取掉花板，将布放入靛缸浸染。染成取出叠放在大石碾下，双脚站在石碾上来回地碾动，晾干后用竹片刮去布上点染的豆浆，即呈现出各种蓝白相间的花纹图案。点染制品在民间亦很受欢迎。

枫香染 枫香染工艺据说自明代就已盛行于今惠水、平塘、长顺一带的布依族群众之中。枫香染之不同于蜡染，主要是因使用原料不是蜡而是枫香油。其配料方法，取百年古枫香树的油脂，与牛油掺和后，用文火煮熬，再用棕叶过滤去渣而成。枫香染的制作方法，用毛笔蘸枫香油，在白布上绘制出几何形、花、鸟、鱼、虫等图案，放入靛染缸中浸染一天；取出再绘制植物的叶，又浸入染缸7~10天。取出水煮脱油后即成。图案主要有“牵藤花”“大瓶花”“大钵花”“双凤朝阳”“月亮花”“鲤鱼串珠”“石榴花”等蓝白相间的美丽花纹，民族风格鲜明，艺术价值不亚于蜡染制品。

布依族妇女在纺纱

布依族刺绣背扇

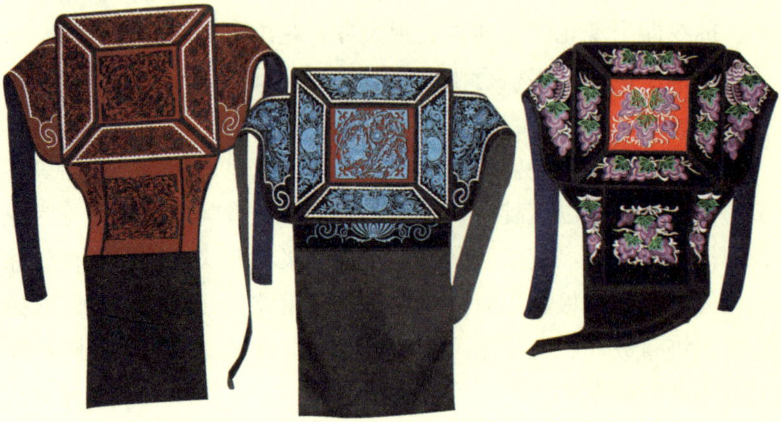

织锦和挑花刺绣工艺

织锦 织锦又称“纳锦”，是布依族又一传统工艺。锦面类似丝绣，光滑平整，花纹精致。在古代的织布机上，以青蓝色纱线作经，用各色丝线作纬编织而成。有菱形、方形、回字形及各种花纹。每一团以一种动物命名，如“桂都绒”，意为“羊羔锦”；“桂都巴”意为“鱼儿锦”；“桂都麻”意为“蝴蝶锦”；“桂都文”意为“人物锦”等等。但图案仅保存有该植物某种特征，显然已经长期的浓缩，纹饰类似新石器时期几何印纹陶的图案。这是布依族对自然物审美意识和认识能力不断提高的结果。传统织锦图案，一般都有“本”为依据，不轻易更改。织锦时反面在上，正面在下，织者边织边用镜子反照检阅所织花色，操作技术非常讲究。

鞋面

刺绣作品

20世纪80年代以来，国家将布依锦列为重点开发产品之

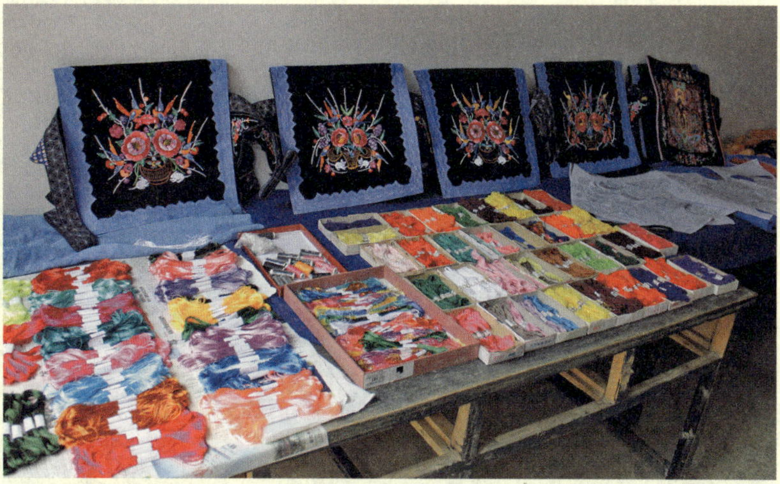

布依族刺绣和织锦工艺品

一。1984年10月，在全国旅游产品评比会上，镇宁工艺美术厂生产的布依锦被评为“优秀产品”。1985年参加第五届全国工艺美术“百花奖”评比，又获“优秀创作一等奖”，捧回“希望杯”。

挑花刺绣 挑花刺绣是布依族妇女擅长的一种传统工艺，具有浓厚的乡土气息和民族特色。

布依族挑花的技术，是用手工在黑布上进行挑制，它以X字为基本针法，“反面挑花正面看”；它没有统一的图案，不用草稿，也不打样，全凭挑制者的爱好和丰富的想象力挑制。一般十几岁的小姑娘就开始学挑花，农闲时三五成群围坐在一起，互相交流挑花工艺。她们挑花时不看正面，只凭心中设想安排，顺理成行，一般是先将轮廓挑好，然后配搭填充各个部位。挑时用一块布盖上正面使之洁净。其用经纬织成X形为基本针法，还有插花、豆花之分，在构图上饱满紧凑，均齐对称，疏密得当。挑花刺绣不仅可以装饰，还可起到耐磨布边、袖口、领口、肩膀等各部位衣料的实用功能。有的妇女先用纸剪成底样图案后，贴于上，再用五色丝线平绣而成，有人物、花卉、鸟兽、虫鱼等图案，常用于服饰、帐檐、门帘、被面、背带、围腰、童帽、枕套、头帕、荷包、鞋面等。配以各种花色色彩调和，纹饰美观。

第四章
舌尖上的布依族

布依族是传统的稻作农耕民族，居住在平坝地区的以种植水稻为主，住山区的则主要种植玉米，此外还有高粱、小麦、荞麦等粮食作物和土豆、油菜、大豆等经济作物，多数地区日常生活中以大米为主食。蔬菜的品种不多，与玉米一起套种的瓜、豆等均为时令蔬菜，用青菜腌制而成的酸菜颇具特色，在黔南独山一带已成为一道名菜。肉类主要有腌腊肉、牛肉干等，狗肉在布依族地区久负盛名。布依族喜欢喝酒，也擅长酿酒，布依族酒文化有着十分丰富的内涵，关于酒的各种礼仪和习俗充分反映了布依族好客、友善的优良传统和民族性格。

主要粮食作物及其加工

粮食作物的种类

布依族是传统的农耕民族，种植的作物主要有水稻、玉米、小麦、小米、荞、高粱等。生活环境的不同，所种植的粮食作物也不一样，生活在坝区的以种植水稻为主兼种玉米、小麦等，居住在山区的，则主要种植玉米、小麦、荞麦等，过去，也有部分高山地区的布依族种植旱稻，但现在已很少见。也有部分地区在玉米地里套种高粱的，但产量很低，不是布依族主要的粮食作物。

菜园子里的粮仓

布依族水稻种植已有数千年的历史。水稻分好几种，一般分黏稻、粳稻和糯稻3种，每一种下面又可分好几样品种。按成熟期又可分早稻、中稻和晚稻。布依族地区大多属于温带气候，除少数海拔较低的河谷地带以外，多数地区一年都只能种植一季水稻。布依族地区主要的水稻品种有黏稻和糯稻，粳稻很少，黏米为日常生活中的主食，糯稻则主要作为节日食品，如春节、婚丧嫁娶以及盖新房等做糍粑用，“三月三”“六月六”等本民族传统节日做花色糯米饭等。晚稻韧性较强，主要用于春节做一种被称为“饵块”的食品。

玉米，当地汉语称“苞谷”，是布依族地区种植范围仅次于水稻的粮食品种。明朝初年引入贵州，距今有数百年的种植历

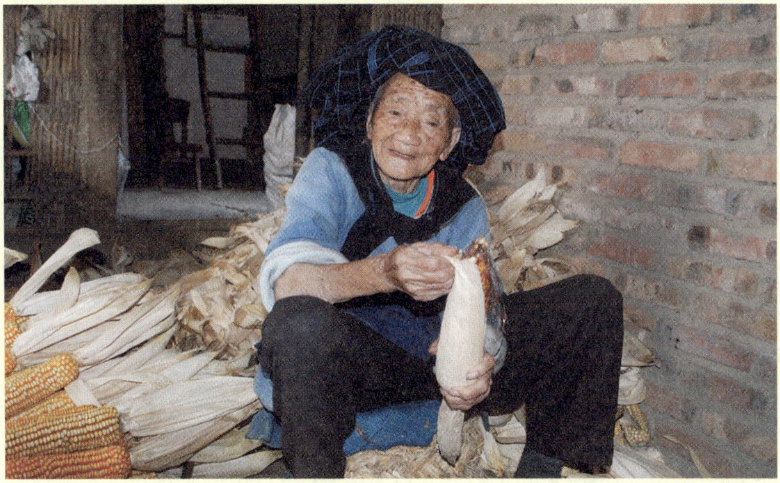

丰收的喜悦——剥玉米的布依族老人

史。由于其具有耐旱、耐寒、产量高等优点，因此，受到布依族群众的广泛欢迎，在坡度较大、缺水的山区普遍种植。

布依族地区也普遍种麦。麦有大麦和小麦之分，通常在水稻和玉米收回家之后下种，由于不是最主要的粮食作物，而且也不是大面积种植，因此，被称为“小季”。多数地区种植小麦和大麦主要是为了使土地得到充分利用，避免土地闲置。但小麦对气候条件和土质条件的要求比较高，田间管理工序比较复杂，近年来，由于劳动力大量外流，因此，种植小麦的人越来越少。在布依族地区，大麦主要加工成米面做饭吃，小麦加工成面条。

此外，在一些布依族地区也种植小米、荞麦、高粱等粮食作物，但由于产量低，而且不是日常生活中主要的粮食，因此，种植面积不大。

粮食作物的加工

水稻的加工与食用方法　传统的水稻加工方法比较简单。稻谷收割回家后，先晒干储存起来，需要时再加工成大米。20世纪六七十年代以前，布依族村寨每家每户都有石碓，用石碓将稻谷舂成米，也有先用一种叫作“擂”的工具去掉粗壳，再用石碓舂的。水源好的地方安装有水碾，通过水流动形成动力，驱动石头

知识链接　**“擂”**　一种用于对稻谷、大麦等粮食进行粗加工的竹制工具。用竹篾编成石磨状的上下两扇圆盘，里面填满土，夯实，放在木架子上，使用方法与石磨相同。

粮食加工工具——石磨

做成的碾子来碾米，20世纪70年代以后，主要用电力驱动的碾米机。

作为日常生活中的主食，黏米的做法多数地区基本相同，主要是用木甑子蒸。先将米淘洗干净，放入锅中加水煮至半熟，用筲箕盛出来，过滤掉米汤，再放入甑子中去蒸。有些地区则放入鼎罐中，加水焖干为止，类似于现在用电饭锅蒸的米饭。糯米主要做成糯米饭和糍粑，或碾成米面做汤圆等。

玉米的加工与食用方法 玉米的加工程序要复杂一些，通常是将整个玉米棒从地里带皮子收回家，第一步是先剥去外皮子，放在太阳下晒干或堆放在竹子铺成的楼板上，通过楼下煮饭烧火时产生的火烟炕干，大个一点的玉米则用玉米壳编成串，挂在中厅的横梁上，任其自动风干。深加工时，需要先脱粒，脱粒过去主要是人工完成，六七十年代以后出现半自动化的玉米脱粒机，可以帮助完成80%以上的工程。玉米也有黏、糯之分，黏玉米主要作主食，脱粒后用石磨碾成碎米或粉末状，称“苞谷米”或“苞谷面”，单独食用或与大米掺着食用。糯玉米有两种吃法，一种是“嫩吃”，一种是

加工水稻、辣椒等的石碓

"老吃"。"嫩吃"是将鲜采摘下来的玉米剥去外皮直接水煮或者火烤食用。也有的把玉米颗粒掺于米饭中混合煮熟食用。比较受人青睐的方法是做成苞谷粑，将正在膨胀的玉米粒磨成糊状，连汁带粒捏成手掌大小的三角形或者圆形，包在洗净的玉米叶子中蒸熟食用。也有的将嫩玉米粒与青豆、青椒等用油炒来做一道菜。"老吃"是将成熟干透了的玉米粒磨成面粉，用筛子和簸箕将粗糠扬弃，在节日里掺入糯稻米中煮熟后打成糍粑食用。

小麦的加工与食用方法 小麦的加工方法是，将其收割后，连穗带秆一起搬运回家，在太阳下晒干、脱粒，然后储存在木缸或坛子中，需要时再拿出来磨成粉，过去用石磨碾磨，20世纪70年代以后主要用机械。

小麦面粉通常用于加工面条，布依族民间很少用来做馒头或包子。还有一种做法是，加入少量的其他面粉，如黄豆粉，再配以适量的白糖，按发面馒头的做法，发好面后，蒸成类似黄粑一样的食品。在布依族地区，也有用小麦来酿酒的。

大麦的加工与食用方法 大麦的加工和使用方法都比较单一。先将大麦粒放入锅中炒熟，再用加工工具碾磨成粉，加入适量的开水拌匀，即可食用，称为"炒面"。大麦主要产于海拔比较高的布依族山区，产量很低，因此，近年来种的都比较少。

副食的种类及其加工

副食通常指一日三餐的主食之外用于下饭的蔬菜、肉类等食品，这里，我们将布依族日常生活中不经常使用的一些用粮食做成的食品也归入副食。

打糍粑

粮食类副食

粮食类副食主要指用糯米加工而成的一些食品，这些食品日常生活中通常不食用，一般要等到节日或遇婚丧嫁娶、建新房、办满月等隆重喜庆的场合才加工食用。常常也作为节日期间馈赠亲友的礼物。

糯米主要制成糯米饭、糍粑、粽粑、汤粑和褡裢粑等几种。

糯米饭 糯米饭又分白糯米饭和花色糯米饭两种，白糯米饭即糯米本色，不经过任何着色的加工工序，“三月三”“六月六”等节日食用，平时如有尊贵客人到家，也可以做来待客。“花色糯米饭”因通常有五种颜色，又称为“五色糯米饭”。布依族在过清明节、三月三、四月八、六月六、七月半等传统节日时，都要制作五色糯米饭当作祭祀供奉的祭品或走亲戚的礼物。其制作方法是，将糯米分成5份，分别用红、紫、黑、黄和清水浸泡，再放进甑子里面蒸熟即可。其特点是色泽鲜艳、清香可口。

知识链接 **五色糯米饭的色彩** 红、紫、黑、黄四种颜色均来自可食用的天然植物，黑色用“一线红”植物或鲜嫩枫香叶，红色用红树根，黄色用糯米花，紫色用紫草。嫩枫香叶、红树根、糯米花和紫草本身自有一种特别的食品香味，用它们浸染糯米，蒸出来的饭，香味更浓，隔很远就闻到，曾有“一家蒸饭，十里飘香”的说法。

“糍粑”

“糍粑” “糍粑”是布依族节日和婚丧嫁娶必不可少的食品，也是供奉祖先等的上好供品。打糍粑时，将蒸熟的糯米放进木槽中，以专用的棒子不断舂捣，待全部软化后用芝麻作引子手工捏制成圆形，可大可小，小如碗口，大若茶盘。婚庆、贺房、祝寿等红喜事活动中，通常用染料将糍粑点染成红色表示喜庆祥和、团圆安定。而中秋佳节做的糍粑通常为白色，表示纯洁，象征花好月圆。如果染上其他颜色，如黄、黑等或者画有古币、八卦图案等就表示祭奠哀悼。

“粽粑” “粽粑”有三角粽和枕头粽两种，是布依族主要的特色食品及祭品之一，每逢春节和端午，家家都要备办。粽粑以糯米为主材料，配以饭豆、猪油、八角、草果、食盐等佐料调味，依个人口味可添加肉片、排骨、板栗等辅料。“枕头粽”用专门的粽粑叶包成枕头形状，再用稻秆捆扎，然后放到大锅中用白水煮熟即可。“三角粽”用竹叶包成三角状，再用稻草芯捆扎。粽粑在制作上很有讲究，需把糯米谷穗烧制成灰，与糯米粒反复搓揉，将其染成黑灰色，再拌好佐料包进辅料。“枕头粽”通常每个半斤左右，也有一斤以上的，多用作祭品。

“汤粑”　“汤粑”类似元宵节所食用的汤圆，但一般没有馅儿，个儿比元宵要小一些，由糯米粉和黏米粉按一定的比例做成。将两种米的面粉和在一起，拌匀，在盆中加水揉成面团，然后再揉成小团儿，放入煮开的水中，待面团儿漂起即可捞出。可以跟醪糟一起煮，也可以单煮，出水后，根据个人的爱好酌情放入白糖、红糖或醪糟等。汤粑通常在春节时候用来款待拜年的客人，作早餐或夜宵，也可在其他喜庆场合食用。

“褡裢粑”　“褡裢粑”是用糯米磨成米浆，滤干，拌上红糖、肉丁、芝麻、花生等香料，捏成鸡蛋大小，一个个裹在一整块芭蕉叶里压平，再蒸煮熟食。成片为中间相连的条状，形如褡裢，故名褡裢粑。热吃柔软香甜，冷吃清凉爽口，虽为糯食，但甜而不腻。

“饵块粑”　“饵块粑”是布依族每年春节必不可少的传统食品之一。做饵块粑不用糯米，而是一种被称为“晚米”的粳稻，其做法是将米淘洗、浸泡，蒸头道、二道至熟透，入石碓舂至不见米粒为止，再搓揉而成。冷却后涂菜油防裂，等变硬实后置清水中备用。略显淡绿，软而有劲，富有韧性，不裂不溶，煮不乱汤，气味清香，耐水泡贮存。可油煎、肉炒、火烘、油炸，制成甜油粑丝；切丝晾干，以菜油炸脆，香酥尤美。为春节传统应节食品。

肉禽类副食

布依族喜欢吃的肉类，主要有猪肉、牛肉、鸡肉、鸭肉、狗肉，以及自己渔猎的山珍海味。

布依族土法腌制的腊肉

猪肉　布依族农村每家都有养猪来宰杀过年的习惯，自己养的猪以野菜、瓜豆叶子和玉米、米糠等作饲料，没有添加剂，因此，不仅肉质鲜嫩，而且食用起来安全。通常在每年腊月中旬以后宰杀，一般很少出售，宰杀当天请家族和近邻一起吃一顿，俗称“吃杀猪菜”或“吃泡汤肉”，剩余部分除留少量春节那几天吃以外，大部分都做成腌肉，即腊肉，一部分瘦肉做成香肠。

香肠的制作非常考究，要专挑肉质细嫩的瘦肉，并适当加上一些肥肉，把花椒、大料等配料捣碎，按比例配上食盐、味精、酱油，再跟切好的肉拌在一起，然后灌入猪肠中。腊肉和香肠挂在火塘上，用烟火将其熏干，或专门用柏树枝烧火来熏烤，这样熏烤出来的腊肉和香肠香味更浓。熏烤之后，挂在楼板下，或包装好，藏在装有粮食的囤箩里，以备五六月青黄不接时款待来客，或农忙时自己食用。不过，如今布依族地区农村集市繁荣，随时都能买到鲜肉，想吃香肠腊肉时，在集市上也能买到，因此，专门养猪来宰杀过年的也少了，特意制作香肠的也不多了。

牛肉　布依族是传统的稻作农耕民族，耕牛在农业生产中起着非常重要的作用，因此，牛对于布依族来说，非常珍贵，没有宰杀耕牛食用或出售的习惯。但布依族并不忌食牛肉，平时有耕牛在山上放牧时摔死，牛的主人也将其拿到市场上去出售。布依族老人去世时，丧葬活动中要选择一头残疾的耕牛或不能耕田犁地的小牛来作为祭品，由死者女婿家的来客宰杀后分食。布依族

知识链接　**火烧牛干巴**　火烧牛干巴制作与食用：精选上等牛肉切成条形，放上调料拌匀装入土陶缸内腌制10~15天取出晾干，食用时将牛干巴放在火炉边慢慢烘烤，待牛干巴出油颜色变黄后，用木棍或小锤拍打松软后撕成细丝放上佐料拌匀即可食用。火烧牛干巴是一道布依族的特色菜。

火烧牛干巴

人对牛肉没有什么特殊的烹饪方式，通常或炖或炒。也有做成牛肉干，长期存放，随时取用的。

鸡、鸭、鹅肉 家禽是伴随稻作农耕而出现的家庭驯养的动物，布依族家庭都有饲养鸡、鸭、鹅等家禽的习惯，养鸡主要是为了让其啄食撒落在地上的粮食，以免造成浪费。鸭有旱鸭和水鸭两种，旱鸭的饲养跟鸡一样，在院落里放养，以玉米杂粮作为饲料，水鸭则是放进稻田中，以田螺、昆虫、蚯蚓和小鱼小虾为食，需要专人看管。鹅主要也是关在家里放养。布依族民间，养鸡的要普遍一些，养鸭和鹅的只有少数。在布依族家庭，家禽只有在过年过节的时候才会宰杀，平时宰杀的情况很少，除非有贵客来到，或办什么事情的时候。

禽肉的烹饪方式也很简单，炖和炒是常见的烹制方法。布依族杀鸡（或鸭、鹅）待客很有讲究，为谁杀鸡，为什么杀鸡，目的非常明确，一只鸡常常要分成八大块，按宴席的主次位置来分，来客中最尊贵的那一位坐在上席，鸡头必须让给他吃，如果被别的人吃了，这桌酒席的目的就算没有达到，需要杀鸡重新摆席。鸡大腿也是非常重要的部位，要让给仅次于主宾的那位宾客，其他不重要的部位留给陪客的人。当然，客人也要多番谦让之后才能接受。平时家里杀鸡，鸡头也要让给家中最年长者，除非老人不吃，才轮到其他人。鸡腿肉最多，留给小孩子吃。

鸡八块

知识链接 **杀鸡待客** 杀鸡待客是布依族地区最普遍的待客之道。一年当中，无论何时，只要有尊贵的客人到家，主人家都要以隆重的礼仪进行接待，其中，杀鸡待客是比较隆重的礼仪之一。布依族人生活一向很简朴，家中养鸡一般是作为经济来源的一种形式，因此，平时轻易不会自己杀鸡来吃，只有来客人的时候才会杀鸡来款待。布依族杀鸡待客很有讲究，煮熟的鸡要切成八大块，即鸡头、鸡脖、鸡胸脯、双翅、两只大腿和鸡爪子。鸡肉端上桌，要将鸡头让给主客，主客当然要谦让一番，最后才接受，鸡的其他部位根据主次分别给其他客人和作陪的人。如果主客没有吃上鸡头，说明请客不成功，主人会感到很愧疚，有的甚至要杀鸡重请。

布依族地区狗肉的吃法

狗肉 布依族虽然不是狩猎民族，但也有养狗看家的习惯，布依族地区湿气比较重，尤其是海拔比较高的地区，容易得风湿，而狗肉有去湿防寒的功效，因此，长期以来，布依族便养成了爱吃狗肉的习俗。每逢传统节日“三月三”“六月六”，或者有贵客到家，或者种完玉米、水稻，布依族村寨都会集体杀一条狗，款待贵宾或庆贺庄稼顺利下种。布依族食用狗肉，有炖、烤、灌肠等多种制法，尤其以狗灌肠为特色。制作方法是，将狗肠洗干净，将狗心肺、背脊骨剁碎与狗血搅拌，加入盐、薄荷、顺和香、砂仁、蒜苗等佐料和适量糯米面，拌匀灌入狗肠内，与狗肉同锅煮熟，最后用菜油煎炸成黄色即可食用。味道独特，是布依族特色食品之一。

活血 布依族副食之一。宰猪时，先用适量的食盐放入盆里，然后接猪鲜血于盆中，立即搅动，使血凝固。再把葱花等佐料放入煮好的杂碎肉末汤内，待肉末汤温度降到10℃左右，掺入少量凝固的鲜血一起倒入盆内，再搅拌，肉汤和血液凝为一体，即成“活血”。“活血”味美可口，是布依族待客的食品之一。

蔬菜类副食

布依族地区种植的蔬菜主要有青菜、白菜、油菜、萝卜、南瓜和豆类等。蔬菜季节性比较强，青菜、白菜、油菜等多在入冬后栽种，春节前后可以收获，入春后种玉米，同时套种一些瓜豆，如南瓜、黄瓜、四季豆、黄豆、豇豆等。春天，山上野草开始冒嫩芽，人们习惯去采集一些蕨菜、折耳根、竹笋、芹菜等，补充家种蔬菜的不足。布依族地区没有冬天储藏蔬菜的习惯，因此，有些时令蔬菜，一时吃不完的，常常要进行处理后储藏起来，以备不时之需。通常加工储藏的有干笋子、干豇豆、干板菜、盐酸菜、糟辣椒等等。这里主要介绍盐酸菜和糟辣椒的加工方法。

盐酸菜 盐酸菜又称坛酸，主要产于贵州省独山一带，因此，习惯上又称为独山盐酸菜。盐酸菜以一种优质青菜为主要原料，选取粗壮鲜嫩的菜薹和嫩叶，经日晒、清洗后，再日晒一两天。将晒好的青菜用盐揉搓、排除部分水分，再入池盐渍。把盐渍好的青菜削去老叶、粗皮，用甜酒、糖拌匀，再按比例加入蒜苗、蒜头、辣椒粉、冰糖、食盐和适量白酒，调好后分坛包装，密封贮存。约两个月后即可食用。吃时酸中有辣味，辣中有清爽的甜津，甜中又有咸。细细品之有一种强烈的菜香，闻清香，吃甜脆，吃了还想吃。能吃辣味者感到舒适爽口，不能吃辣味者也觉得其味无穷。这种盐酸菜可素食，也可荤食，用它制鱼、肉等菜肴，能使菜肴更加鲜美，深受人们青睐。

▲

独山盐酸菜

知识链接 **盐酸菜** 据考证，盐酸菜源始于明代初期，最初多为家庭自制自食。真正成为商品进行大规模生产则是清代后期的事。清时，独山有袁、熊两家最善制作此菜，质量好，名声大，曾作为贡品进奉皇宫。

糟辣椒 糟辣椒是布依族酸食中不可缺少的一种，民间称“酸辣椒”。它既可单独做菜肴，也可做荤菜调味剂，贵州名菜酸汤鱼中必不可少的配料之一。制作方法简单，即将成熟的细红辣椒洗净，剁碎，然后加入盐、大蒜、生姜（均为10：1左右），再加入少量甜酒搅拌装坛密封。切勿进水沾油，半个月后即可食用。

◀ 糟辣椒

布依米酒及酒文化习俗和功能

酒的种类

布依族是稻作农耕民族，用自己种的粮食酿造米酒已有非常悠久的历史，但由于没有文字记载，所以其酿酒的起源已经无法考证，只是到了明代，汉文史籍中才出现有关布依族酿酒的记载。布依族酿酒多以稻谷、玉米、高粱等粮食作物以及山

糯米酒窖

楂、刺梨、杨梅、香蕉、拐枣、芭蕉、甘蔗以及葡萄等水果作为原料。每年秋收过后，布依族村寨家家户户都要自己酿造几坛甜酒和烧酒，主要是用来款待来客，或供自己在农忙时节劳作之余饮用。布依族是一个好客的民族，每逢贵宾到家，主家必然要以酒款待，桌上的菜肴是否丰盛倒不是问题，但如果没有酒，主人会感到不成敬意。布依族自家酿造的酒种类较多，比较著名的有“糯米甜酒”“糯米酒”“刺梨酒”“糯米烧窖酒”“大米酒”等。

糯米酒　一种以糯米酿制的烧酒，其做法是将糯米蒸熟后倒进大簸箕里散开，让其自然变凉，再将自制酒药撒在糯米饭上，搅拌均匀，放进陶缸中压紧，中间留出一个小窝函，缸口盖严，24小时即可开盖。此时糯米饭变成了甜酒酿，再经过一周，酒糟变辣，加进白开水浸泡两天，然后倒进大锅中，用酒甑罩住。甑的顶部放一口天锅，天锅装上冷水。然后在大灶炉膛加火将酒糟煮沸，酒就从规槽中流出来了。这种糯米酒的特点是度数低，一般35℃左右，产量高，是布依族喜欢的传统日常饮品。

蜂糖糯米酒　每年深秋，糯米和蜂糖丰收，布依族人家就开始自酿蜂糖糯米酒。首先将上等糯米经过多次淘洗，直至无浑水，浸泡四五个小时，再用甑子蒸熟，倒在簸箕里摊凉，尚有余温时，将甜酒曲与之拌匀，装进瓦坛里，将坛口封死，四天后待糯米发酵成甜酒后加入蜂糖适量，与甜酒拌匀再封坛二三天，启封后用白开水、火酒曲、少许好白酒倒入坛内搅拌均匀，再封坛10天。10天后，加入适当火药酒曲，再封坛8天，然后再打开进行搅拌，继而又封坛十天半月，坛子里的糯米饭基本上全部溶化，这时用纱布将酒糟过滤，蜂糖糯米酒就酿好了。该酒清香可口，健胃润肺，营养丰富，是布依族人家招待客人的上等好酒。

糯米烧窖酒　该酒的做法是将土坛装的甜酒液，埋入地下，坛口放置盛有清水的小蒸钵，密封坛口，再用谷糠或锯木面将坛子周围盖住，点燃谷糠让烟火缓慢熏燃，连续半月后，坛子里的

布依族敬酒

酒就会减少三分之二，剩余的酒就成为糯米烧窖酒了。该酒酿好后，需要下窖存放，秋冬才取出饮用。该酒色泽呈赭墨色，带有丝状，醇香味美，滋阴壮阳，是饮品中的佳酿。

刺梨

刺梨糯米酒 酿造方法是：每年秋天收了糯稻以后，就采集刺梨果，将其晒干或烘干。接着就用糯米酿酒，酒盛于大坛中，再将刺梨干放进坛里去一起浸泡。一个月以后（时间泡得愈长愈好），酒呈酱色，喷香可口，不易醉人。

布依族饮酒习俗

酒文化是酒生产的伴随物，可以说布依酒是布依族物质文明与精神文明之间的媒介，几千年来丰富了布依族人民的精神生活，形成了许多别有风趣的酒礼、酒俗、酒歌等文化遗产。

布依族人民普遍的酿酒饮酒习惯，在民族心理机制和文化观念的推动下，形成了丰富多彩的酒俗酒礼活动。以酒寄情，借酒托志，酒成了待人接物的友谊纽带、疏通情感的润滑剂。布依族独特的饮酒方式，古老的酒歌传诵着民族的智慧和文明，喷香的米酒蕴含着民族的厚意与深情。不仅酒具古朴别致，其酒礼也是别具情趣。

酒礼 布依族人在以酒待客的过程中，逐渐形成了形式多样的酒俗酒礼来丰富其酒桌文化。主要表现为三个方面的特点：一是大碗喝酒，在布依人家中，很少备有酒杯，原因是根本用不上。人们常说的“推杯换盏”，在布依族人家里完全可以改成

"推瓶换碗"。与小巧玲珑的玻璃酒杯比起来，布依族民间常用的酒碗显得更大方豪爽，既可以表现出主人对客人的热烈欢迎，又可以显示出布依族人民豪爽大方的性格特征。

二是喜爱而且擅长行酒令，行令猜拳既是助兴的一种手段，可以活跃酒桌气氛，又是双方智慧与反应能力的一种较量；在酒桌上，除了父子、爷孙关系以外，无论地位、辈分、年龄有多悬殊，只要能端酒杯，都能互相猜拳行令。

三是喜欢唱酒歌，这是最具布依族特点的一种酒礼。贵客来到布依族家中，首先要对唱拦门酒歌。主人用方盘端着12个酒杯（喝茶的大杯子），拦住院门，以歌相对，如果客人能以歌对答，则可免喝一杯酒，如对不上，不仅要受到围观者的哄笑，而且还要喝一杯酒，才能进门。酒桌上对歌饮酒更是常有的事。在黔中一带，有客人到家，主人在摆设酒宴，款待宾客的同时，要邀约本村唱歌能手前来与客人对歌，或以歌敬酒。对歌是主客双方一唱一答，唱到兴头上，以酒互敬，答错或答不上来的一方，要被罚酒。客人答上来了，主人一方不能继续提问，也要罚酒。以歌敬酒与敬拦门酒的形式相仿，所不同的是，拦门酒只敬一杯，而席间敬酒则是12杯。主人唱一首敬酒歌，如果客人对得上，逃过一杯，如此以往，对不上几首就得喝几杯。这种饮酒形式，既增加了乐趣，又表现出布依族独具特色的酒文化。

布依族的拦门酒

酒歌　"酒歌"是布依族民间歌谣中的一种，有着浓郁的民族特色，而且种类众多。就布依族民歌"仪式歌"中的酒歌而言，便可分为十几种之多。如在结婚仪式中唱的酒歌里就有"开朝门歌""安桌歌""板凳歌""筷子歌""解壶歌""斟酒歌""敬酒歌""赞美歌""答谢歌""留新媳妇歌"等，这些歌都是在特定的场合用布依语和汉语演唱。布依族酒歌与别的兄弟民族的结

婚酒歌大不相同，不但民族特色浓郁，且酒礼酒规甚严，在酒宴上礼节不周者会被同龄人嬉戏取笑，老年人则会认为不懂规矩，没有教养。由于这些酒礼酒规都是针对着送亲的客人，因此，不会唱酒歌的人和不懂礼节的人是不能充当送亲客人。

▲

敬酒歌

布依族的敬酒仪式别有一番风味。敬酒时，主人要先唱敬酒歌：

一杯酒，味不香，不是糯米是高粱。高粱烤酒淡淡味，只因味淡接得长。

主人要将10杯酒（10段歌）唱完，紧接着客人要唱答谢歌：

喜鹊抬头叫一声，贫生送亲到龙门。贵府酒肉多美味，待我回乡去传名。

客人唱完很长的答谢歌后，主人便开始行酒令。行酒令前先要选主考官、副主考官及监考人，选出主考官等人后要唱“贺主考歌”，请主考大人就位，宣布考场纪律，然后由主考官出令。酒令有“随母令”和“随口令”两种，考不取者要被罚酒，违酒令者同样要被罚酒。如“说得过，推杯过。说不过，双杯连一坐（即12杯酒）”。如双方都是行家，这种行酒令的特殊礼仪一直要持续到次日天明方休。

第五章
对丰收的祈求和欢庆

布依族一年四季节日不断，节日文化丰富多彩，可分为本民族重要传统节日、全民性节日和纪念性节日三类。本民族传统节日最隆重的主要有“三月三”和“六月六”，其中，“六月六”在部分布依族地区有“过小年”之称，足见其重要性。此外，“四月八”在部分地区也很隆重。全民性节日为地区性各民族共同的节日，以春节最为隆重。纪念性节日具有明显的地域特色，多为纪念历史上的某一人物或事件，较隆重的有黔西南州兴义的“查白歌节”、晴隆的“赶干洞节”等。

布依族的节日活动一年四季不断，除春节、端午、中秋等与其他民族基本相同外，“三月三”“四月八”“六月六”“九月九”等是本民族的传统节日，更具民族特色，其中多数节日都与农业生产有关，反映出布依族人对农业丰收的祈求以及获得丰收后的喜庆。

重要传统节日

“三月三”

“三月三”是布依族祭社神和山神的一个宗教性节日。过这个节的时间一般是每年农历三月初三，也有的地区定在每年农历

贵州关岭布依族歌闹“三月三”

三月的第一个寅日。这一天，多数地区的布依族村寨都要进行“扫寨”活动。人们到村寨山神坛前摆放雄鸡、刀头等供品，还要杀一条狗，将血洒在纸旗、纸马和寨子进出要道口的石头上，然后由布摩携带淋有狗血的纸旗、纸马到各家各户扫除妖魔鬼怪。祭祀仪式由布摩主持，祭毕，在入村的每个路口拴一根草绳，横跨在路的上空，表示村中有大事，拒绝外人进入。在古代，这一行为一旦实施，是要生效的。“三月三”当天，如有外村人从草绳下经过，进入村子，无论是有意的还是无意的，村里人都会把当年所有不顺利的事情归咎于他。而现在这一习俗不过是传统文化的遗存罢了。

一些地区凡参加“三月三”祭山神的人只准讲布依语，穿青、黑、蓝三种颜色的布依服装，其他民族的语言和服装一律禁说禁穿。这一天，人们要吃白、黄、黑三色糯米饭，忌在家说话、抽烟、做事，据说这样做能避免火烧房子。

有的地方又传说：“三月三”是祭小儿神母娘娘的节日，布依族认为小儿的成长，全靠神母娘娘的关照。有的婚后多年不生育者，要搭一座花桥，祈求神母通过花桥送子，为此，人们要做花糯米饭，煮红鸡蛋敬供神母、祭花桥。

有的地方把“三月三”称为“仙歌节”，这天男女青年上山对歌。传说谁唱的歌最动听，天上的歌仙听了，便会赐他/她一副金嗓子，无论他/她走到哪里，哪里就会听到金嗓子唱歌，害虫听到这声音就不敢伤害庄稼了。因此，每逢“三月三”，男女青年都纷纷上山唱歌和对歌，以求得一副“金嗓子”来保护庄稼。

花糯米饭

有的地方称“三月三”为“枫叶节”，因为这时候枫叶翠绿，春暖花开，正是人们踏青游春的好时令。少年儿童要摘嫩枫叶做抛球，姑娘、媳妇们喜欢拿几张嫩枫叶插在头发髻上，以绿叶象征春的活力。

“三月三”在一些地方又是扫墓节，像过清明节一样。以家庭或家族为单位集体到祖坟墓地挂青，杀猪宰鸡，摆设酒菜和做三色（白、黑、黄）糯米饭祭奠。扫墓后，人们在山上娱乐、打猎和野餐。青年们则上山唱歌，山坡上炊烟缭绕，歌声四起。唱歌过程中，如果遇上称心的对手，晚上便相邀到寨内，通宵达旦地对歌。临别时，主人家用芭蕉叶包着花糯米饭和鸡腿肉分送歌手，作为节日的礼物。有些地方布依族传说三月初三是“寒日”，吃了狗肉可以驱寒。所以此日还有杀狗请客的习俗。

现在“三月三”已发展成为表演各种文艺节目的艺术节。“三月三”艺术节，不仅表演多姿多彩的文艺节目，而且以“节日搭台，经济唱戏”，引来了众多的游客和省内外客商，有的洽谈开发当地资源，有的商讨联办经济实体，有的利用节日场地推销商品；本地区的民间书画、布依竹编、刺绣、布贴、盆景等民族工艺品，也进行展销。节日活动，不仅丰富了群众文化生活，也使当地的经济得到发展，人们生活得到了改善。

“四月八”

“四月八”是一个与稻作农耕文化密切相关的节日，布依族地区称为“牛王节”或“开秧门”，镇宁布依族苗族县一带称“牧童节”，黔西一带称“开秧节”。在一些气候比较湿热的布依族地区，早稻开始下种，因此过这个节日的目的在于祈求风调雨顺，禾苗茁壮成长，耕牛健壮。相传“四月八”是牛的生日，因此也叫“牛王节”。在荔波、罗甸、紫云一带，“四月八”这天要用枫香叶泡水给牛洗澡，让牛休息一天，用花糯米饭放在水里搅拌后给牛吃。用鸡、刀头、香纸、蜡烛等祭祀“牛王”。镇宁县一带布依族要赶牛上牛坡草场给牛“洗礼”。独山、荔波、平塘、惠水、花溪一带用紫荆藤、黄饭花、红刺根、枫香叶等染料来浸泡糯米，蒸成红、黄、黑、紫、白五色糯米饭喂牛，男女老少穿着盛装参加规模盛大的斗牛大赛。独山墨寨与荔波阳凤两县交界的地区，每年这天要举行隆重的祭祀和庆典，家家户户用苦丁茶、紫泉酒、五

布依族“四月八”牛王节

布依族“四月八”斗牛

色花糯米饭等食品敬牛王、喂耕牛，挑选最肥壮的牯牛来角斗。有的布依族地区除斗牛外，还要赛马、敬“秧神”和“牛神”。在斗牛场上，一对对膘肥体壮的牯牛，在显示自己的力量，亮犄角，打撞头，谁也不服输。在赛马坪上，那风驰电掣的骏马在向前猛奔，好像在驮着丰收的五谷往仓里飞去。不管是斗牛还是赛马，实际上是布依族人的备耕大检阅和显示力量的一种方式。

惠水县雅水“四月八”糯米坡会，是当地布依族、苗族的盛大节日，糯米坡位于雅水镇翁庆村旁，是一处较大的荒坡，坡顶较为平坦。节日这天早晨人们成群结队，从四面八方汇集到这里。除了附近的村寨外，还有来自其他地方的布依族群众，多达万人左右。坡会活动时，布依族姑娘身着盛装、手拿花伞，一排排一堆堆席地而坐，与男青年对歌。特别引人注目的是跑马，布依族小伙们牵着各自的骏马，绕场一周后，便在糯米坡近200米的跑道上，来回驰骋，吸引着在场的人喝彩。中老年人，则凑到一起，喝酒、摆家常、谈天说地，欢声笑语。入夜，糯米坡周围的村寨，家家户户宾客盈门，吃过晚饭以后，青年男女在室内，又放开歌喉继续对歌，一直唱到天明。

“六月六”

“六月六”是布依族最隆重的民族节日，节期在每年农历六月初六，有些地区定在每年农历六月的第一个寅日（即虎场日），也有些地区根据栽秧结束的时间，将节期定在六月逢“六”的任何一天，即可在初六、十六或二十六。

布依族过“六月六”，各地叫法也不完全一致，平塘、惠水一带称“天王节”，龙里、贵定一带称“虫王节”，望谟、册亨一带称“龙王节”，长顺、惠水一带称为“歌节”，紫云一带称“赶六月场”或“六月桥”等等。叫法虽然不一，意义基本相同。多半是祭山神、田神、天王、虫王、龙王、盘古王等，祈求风调雨顺，农业丰收。

“六月六”祭田

“六月六”祭田

包粽子的布依族妇女

关于“六月六”的来历，各地有不同的说法。有的地区传说布依族祖先盘古王娶龙王女儿为妻，生一子名新魂。父子善于从事农业生产。新魂小时冒犯母亲龙女，龙女生气返回龙宫，盘古又另娶妻，也生一子。某年六月初六盘古去世后，其后妻因欲独占家产而虐待新魂，多次蓄意谋害他，新魂上天告状，并扬言要毁坏庄稼，饿死后母。其后母得知万分焦急，遂向新魂认错，求其宽恕，只要不毁庄稼，她愿对新魂如同亲生儿子，并答应每年六月初六杀猪宰鸡祭盘古，新魂见后母有所悔悟，又想将种庄稼的技术传给后代，就表示同意。从此以后，布依族每年六月初六祭盘古王，逐渐演变成为民族节日。

“六月六”的活动，各地各具特色。这天，多数地区都已插秧完毕，大家借农事小闲之际，祭神祭祖祭盘古，祈求保佑庄稼免遭旱涝虫灾，以获丰收。镇宁、望谟一带祭“田公田母”，节日各寨聚集一堂，订立保护庄稼和社会公益的乡规民约，共同遵守。各地有的吃五颜六色的粽子，有的杀猪宰鸡，有的杀狗。青年男女穿上节日盛装，到山坡开阔场地对唱山歌。孩子们则背着大人给包的粽子上山上去玩，争相炫耀自己的粽子包得好看。镇宁县布依族杀鸡过节，各家每人一只。做好后，让孩子们背上山去与同伴们玩耍共进野餐。水城一带的布依族，“六月六”要连过3天，外出的人和已出嫁的姑娘也要回家过节。初六这天人们都不出村，同村亲友互相宴请，击铜鼓，吹乐器，唱歌、游戏，尽兴娱乐。人们在牛角上挂粽粑，给牛吃粽粑叶，以示慰劳。7日，老年人搭棚子给年轻姑娘们做针线，让串寨的小伙子来唱歌。晚上青年人打着火把，成群结队上山呐喊，呼声震天，通宵达旦，以求丰收。

近年来，少数民族优秀传统文化的传承和发展逐步引起了地方各级政府的重视，在布依族聚居的贞丰、六枝、惠水等县（特区），地方政府已将打造民族文化品牌与民族文化传承以及地方民族文化旅游的发展结合在一起，加大对民族文化建设的投入力度，贞丰自2005年开始已连续多年举办六月六布依风情文化节和布依文化论坛，一方面使布依族优秀的传统节日文化得到继承和弘扬，同时也对地方经济文化的发展起到了积极的促进作用。

全民性节日

春节

春节是中华民族的传统节日，也是布依族一年中最隆重的节日。布依族人民辛苦劳动一年，借此农闲季节，稍事休息，阖家团聚，欢度节日。每到年底，家家户户都在忙着操办年货，杀年猪、做甜酒、酿米酒、打饵块粑、磨吊浆粑、缝制新衣等。出远门的人在外无论多忙，都要赶回家与家人团聚，一起过春节。二十八九，家家户户要将屋里屋外彻底打扫干净，有些村寨还要举行“扫寨”仪式，以驱邪避灾。大年三十当天，要贴对联。贴对联习俗是汉文化影响的结果，布依族受此影响较深，时间也较长。神龛上用红纸写的“天地君亲师”牌位每年都要换新。此

布依族地区乡场出售春联的摊点

外，神龛下的土地牌位、中厅两边的立柱以及所有门窗，包括关牲口的圈门和院门，在大年三十这天都得换上新的对联。三十夜的晚饭，要炒、炖各种菜肴，加上一个煮熟的猪头，摆满八仙桌，再在桌子的四边各摆上两双筷、两个酒杯、两个饭碗，敬供祖先吃年饭。菜肴摆齐，斟了酒，盛好饭以后，就在神龛上点燃蜡烛，插上3炷香，由家长请祖宗回家来过年，祈求祖宗保佑子孙荣华，老少平安。祭祀毕，全家一起吃年夜饭。当夜家家户户都要打糯米粑，一部分作为春节期间拜年用的礼物，一部分自己食用，另有一部分留着开春以后农忙时节食用。多数地区有除夕夜守岁的习俗，小孩要跟着大人熬到半夜，大人要给小孩"压岁钱"。大年初一，妇女们争先恐后地去井边挑"聪明水"。

有些地方正月初二要敬财神，祭品是一只大公鸡，一个煮熟了的猪头，一块刀头以及酒礼等。这个祭典，越早越好，谁家祭得最早，他家就把财神接到了，一年中就可进财进宝。所以家家在初一晚上就做好一切准备，将一小捆青杠柴和一挑井水放在门口，以半夜雄鸡第一声啼叫为第二天的开始，就点香烧纸钱鸣爆竹，家长请文武福禄财神来吃，保佑一年四季都发财。然后由一个人担那挑水，一个人抱那捆青杠柴从门外走进堂屋，边走边念道："柴（财）来，柴来，金水银水进屋来！"

有些地方正月初三到十五，每晚都要耍龙灯和舞狮子，称为

“闹夜”。每到一个寨子，家家都要开门迎接龙灯、狮子，用红纸封钱放在堂屋里的八仙桌上，以作酬谢。布依族认为，耍龙灯和舞狮子能将妖魔鬼怪赶跑，可以得到清洁平安。

过去，布依族地区春节延续的时间比较长。除夕夜至正月初三要煮饭祭祀祖先。青少年在村里尽情玩耍。初四开始走亲访友，互相拜年，通常是嫁出门的姑娘回娘家给父母拜年，尤其是上一年刚出嫁的，女婿要邀约族中的一帮青年男女浩浩荡荡前来拜年。布依族比较注重亲戚之间的往来，并通过年节、红白喜事等互相往来保持联系，加深彼此之间的感情。姑舅之间拜年一般要在3代人以上。青年男女之间的社交也利用春节得到强化。亲友之间的拜年往来通常要到正月十五才结束，而青年人玩耍则一直要到正月底过完“了年节”以后才结束。

端午节

▲ 布依族端午节包粽子

端午节是典型的汉族传统节日，布依族地区过端午节并不普遍，只有少数地区过，尤其是与汉族杂居的地区，如镇宁、惠水、贞丰、兴仁等县的部分布依族村寨。端午节，这些地区包粽子，有划龙船、“游百病”等习俗。镇宁、贞丰一带布依族五月初五这一天要喝一种用雄黄、大蒜、姜、葱泡成的“雄黄酒”。据说吃雄黄酒浸泡过的大蒜可以防痢疾和预防其他疾病。还用“雄黄酒”喷洒房屋四周，以防蛇、鼠、蚊子及臭虫的侵扰。

◀ 龙舟赛

七月半

布依族过七月半也比较隆重，红水河沿岸一带要过3天，即每年农历七月十三至十五。十四这天做“褡裢粑”，杀鸡、杀猪或杀牛等来祭祖。准备的供品，大多与汉族过“中元节”无异，如做些金银绿锭、冥包冥船之类，十五日晚上到河边放冥船，让其随水漂流。七月十五到十六，年轻人和小孩们多在大榕树脚荡秋千，或在广场上打陀螺，或在河边游泳。

布依族传统节日食品

罗甸、望谟、册亨县一带，七月十四日晚上人们都聚集到寨子中的凉亭里听老人讲故事，青年唱情歌，小孩子们在广场上做游戏。入夜，家家户户从自家门口开始插香，一直插到与大路交汇处，从远处看去，星星点点，就像天上星星落到了人间一样。

惠水县羡塘乡一带的布依族，七月半也要过3天。十四日在古桥堡聚会唱歌，十五日杀狗设宴招待，十五日到十六日进行文娱活动，跳粑棒舞和铜鼓舞，同时又吹奏唢呐，响彻云霄。这天进行唢呐比赛活动，设有裁判台，桌上放一瓶酒，谁输了就连唢呐带酒一起交给对方，观看的人很多，颇有民族特色。

在黔西南一带，七月半还有一种称为“姑敬”或“当敬”（当地汉族称“七姊妹”）的娱乐活动。这种活动可在七月的任何一个月明星稀的夜晚举行。届时，大家推举一人来“当敬”，男女均可，条件是要擅长唱歌，吃过晚饭以后，大家聚集在某家院落里，“当敬”者被大家围在中间，席地坐下，用头帕蒙好头，以蜜蜡熏之，使其进入昏昏欲睡的状态，仿佛进入仙境，然后唱起歌来。围观者以“布敬”或“埋敬”称之，并推荐男女歌手各一对，称为“同”引导他（她）一起唱。“布敬”或“埋敬”就唱着上天门的歌：

他们（指“布敬”或“埋敬”自己）翻山越岭，翻江过海，到达天边的大铜水车。这个水车是把地下的水带上天上去的，他们就坐在车筒上上了天，进入天门，进到十二层前。有哑子虎豹及各种鬼怪守门，经过若干惊险，用机智的手段才到达第十二层。这层栽种各种花卉，就是凡间人种。把它采摘下来送给人，闻到的妇女，就会生出聪明伶俐的孩子来。

远近村寨男女老少，都聚在一起，听“布敬”唱歌，听到高兴的地方大家哄堂大笑，听到悲伤的时候就凄然泪下。有时，“布敬”会说自己冥冥之中见到了村里某个已经去世的人，并能模仿这个人的声音说话，惟妙惟肖。因此，过去，家中有人刚去世的，都想借着“七月半”“当敬”的机会，通过“布敬”之口，与亲人做短暂的沟通。至今，这种节日娱乐形式在个别边远地区还保留。

中秋节

中秋节也是布依族同其他民族共同过的节日。但总体来看，这一节日，在布依族地区并不隆重。但中秋节晚上孩子们“偷南瓜”却很有趣。这天晚上，村子里的小孩都要相约去偷地里的南瓜、葵花、花生等。无论偷到谁家的，主人都不会责怪，这是古代传下来的规矩。他们认为如果不偷，瓜蔓就不会结出南瓜，葵花、花生也不会饱满。孩子们把偷到的南瓜等物拿到无子的人家去炒吃，说这样做会给这家人带来子女。

其他传统节日

除上述比较隆重的节日之外，布依族还有一些小的节日，这些节日有些具有宗教祭祀的性质，有些与农业生产有关，有些是纪念历史上某一人物或事件，有的则纯粹是娱乐性质的。这些节日大多属于区域性的，活动规模和范围都相对较小。

二月二

有些地方布依族每年农历二月初二要过“二月二”节，主要

二月二

是祭祀土地神，有的地区还要祭祖，以此保佑全寨安宁。节日期间要杀鸡敬祖，吃两色（白、黑）糯米饭。有些地方这个节日还比较隆重，如云南省布依族二月二要过3天，进行以祭“老人房”为中心的祭祀活动。

祭龙山节

布依族祭龙山节

有的地方布依族农历七月的第一个（或第二个）辰（龙）日要过“祭龙山节”。届时，全寨出资买猪、羊各一，大公鸡两只，以及酒、香纸、五谷等祭品，在村旁古树下祭祀。先由寨老点几炷香、烧纸钱，布摩念诵祭祀经，然后宰牲。宰牲时，将纸钱粘上血贴于神树上；又将一对公鸡宰杀，礼仪同前，称为“生祭”。将宰杀的猪、羊、鸡整理干净，煮熟，以猪头、猪肝、猪心和整只鸡再祭一次，称“熟祭”。祭毕，全寨会餐一顿，剩下的肉分给大家带回家祭祀祖宗。有的村寨还借此宣布保护古树、保护山林、爱护庄稼等乡规民约，用以促进社会治安。

尝新节

糯米饭

作为具有悠久稻作农耕历史的民族，布依族的多数传统节日都跟农业生产有关，如“四月八”“六月六”等，都是为了祈求上天保佑种下去的庄稼长得旺盛，秋后获得大丰收。但纯粹的生产性节日不多，主要有“尝新节”。

“尝新节”又叫“新米节”或“吃新节”，是西南地区许多民族中流行的庆祝农业丰收的节日。如阿昌、景颇、傈僳、普米、苗、侗、壮、瑶等民族都有“尝新节”。但日期各民族、各地不一，一般都在谷子成熟时举行。布依族所在地区，谷米成熟有先有后，所以“尝新节”也各有不同，没有一定的日期。一般谷子将成熟，大家共同约定一个日子，打粑粑吃、祭祖。望谟、册亨一带多从田里摘来一些将成熟的糯谷穗，放在锅内煮或蒸，晾干后，舂去壳，用开水冲泡谷米，待谷米料吸水膨胀而成糯米饭，大家都喜欢吃这种糯米饭。过去在这一节日里人们还要敬神祭祖，祈求农业丰收，而现在节日中的信仰和仪式成分逐渐淡薄，变成了乡民的娱乐节日。

赶干洞

“赶干洞”是贵州省黔西南布依族苗族自治州晴隆县一带布依族过的一个节日。据说晴隆县县城东南的干洞，原来长年流有清澈的泉水，称作“清泉洞”。但后来却变成为干洞，其中有着一个动人的故事。

传说在古代，布依族后生阿韦和邻村美丽的姑娘阿花相爱了，他们常在清泉洞旁约会对歌，双方父母也十分赞同他们的婚事，并预定清明时成婚。但此事被族长知晓，认为他们未经媒人上门行聘，擅自私订终身，是伤风败俗之举，因此，横加干涉。阿韦、阿花得知后，便于清明节时，偷偷来到清泉洞边，以洞为媒，跪拜天地，举行婚礼。第二天，族长带人前来问罪，阿韦、阿花被逼投清泉洞自尽。自此以后洞中清泉干涸，变成了干洞。

也有传说是这一对恋人投洞以后，变成一对金画眉，远走高飞。附近村寨布依族男女受他们事迹的感动，每年清明节的第二天，到干洞聚集唱歌玩耍，谈情说爱，年长月久，成了“赶干洞”的青年节日。

查白歌节

“查白歌节”是黔西南顶效一带布依族的一个纪念性节日。每年农历六月二十一日至二十三日在贵州省黔西南布依族苗族自治州顶效开发区的查白场举行。目的是为了纪念古时当地一对为民除害与抗暴殉情的青年男女查郎、白妹。届时，周围远近各县（市）以及毗邻的广西、云南等地各族群众，前来参加歌节，规模宏大，气氛热烈，蔚为壮观。查白歌节主要的活动内容有：歌节赛歌、认亲访友、吃汤锅、浪哨（浪貌）和祭山等，一般连续3天，第一天是高潮。

赛歌是查白歌节的主要活动之一，是年轻歌手们大显身手的最好时机，人人踊跃报名参加。歌场四周人山人海，共同欣赏歌手们优美动听的歌声。白天，歌手们纷纷登台表演，满怀激情，引吭高歌，唱出自己的心声。晚上，则互相邀约，在主人家的堂屋或院中摆上桌凳，对歌赛歌，主人家热情款待，歌手们尽情歌唱，每每通宵达旦，难分胜负。

演唱民歌的布依族姑娘

每年查白歌节都吸引了不少来自远方的客人，他们在查白场附近本无亲友，但通过熟人介绍与一些同龄人相识，相互了解后，双方结成“同庚”“兄弟”“姐妹”等，并互换礼品。此后，长期来往，甚至延续到下一代。因此，认亲访友，也成了查白歌节的一个重要活动内容和人们互相联系、加强友谊的纽带。

浪哨（浪貌）是布依族男女青年通过社交活动寻找意中人的一种方式，也是查白歌节的主要活动内容之一。为了仿效查郎、白妹真挚的爱情，青年人从四面八方汇集到查白歌场来对歌唱歌，寻找意中人，结为终身伴侣。

“祭山”活动一般在歌节第二天（农历六月二十二日）进行。传说当年是布依族先祖的神灵帮助查郎，使恶虎中了机关被神树吊挂起来，后人为感谢先祖神灵的庇护，敬吊挂恶虎的树为神树，并在歌节第二天进行祭祀，让先祖共享歌节欢乐，保佑查白人畜兴旺，稻谷满仓。祭山之后，查白歌节就算告一段落，次日，人们逐渐散去，待来年再相聚。近些年来，这一节日又增加了物资交流的内容，更是热闹非凡。

“打火箭”节

“打火箭”是贵州省兴仁县潘家庄回族自治乡大新寨布依族人民的一个传统节日。“打火箭”的习俗由来已久，传说他们的先辈调北征南来此地，在农历七月十四、十五遭到敌人的围攻。危难之际，他们的先辈用火攻打退了敌人。为了纪念这次战斗，他们便在每年的农历七月十四、七月十五两晚用青冈树枝燃着之后往空中甩，称为“打火箭”。后来，他们发现用蒿子秆更加简便，而且易燃，故而在“天”字辈时，改用蒿子秆了，此习俗一直延续至今。

该节日原来仅限于大新寨的布依族，只有数百人参加。近些年来已经扩大为多民族、多地区的群众性节日，人数连年增加，每年都有几万人参加这一节日活动。节日规模的不断扩大，无疑对加强民族团结和地区间的相互交流具有十分重要的意义。

第六章
人生的起点到终点

布依族人对人生的每一个阶段都十分重视，并形成了内涵丰富的文化习俗。重视家庭血脉延续是布依族的传统。父母对初生的子女百般呵护，长子（女）满月时都要举行隆重的庆祝活动。养育习俗充分体现了父母对子女的关爱。结婚是人一生中的头等大事。布依族传统婚姻习俗独具民族特色，婚姻的缔结要经历议亲、托媒提亲、订亲、纳聘、结婚、回门等程序。布依族家庭“以孝为先，尊老爱幼”，热情好客。布依族有独特的丧葬习俗，老人去世要举行隆重的葬礼。

生育习俗

布依族生育习俗大致可分为求子习俗、诞生习俗、养育习俗三种。

求子习俗

受中原儒家文化的影响，布依族社会也普遍存在“不孝有三，无后为大”传统观念。人们认为，生儿育女受上天的支配，子女由上天赐予，因此，婚后多年无子嗣的家庭通常会被认为是怠慢了上天，需要举行仪式，祈求神仙赐子。各地布依族求子习俗不尽相同，较具代表性的有“搭花桥”“做桥”和“改都雅”。

“搭花桥” 布依族普遍信奉“娘娘神”。结婚多年而未生子的育龄夫妇，要请布摩择吉日搭一座“花桥”，向娘娘神求子，称为“搭花桥”。布摩在房外举行立桥仪式，念诵经文。随后到河边引魂，用一根白线从河边一直牵到“花桥”上，如果有昆虫或水里的小动物从“桥上”爬过，则被认为是龙王送贵子或神母娘娘送子来了。如果是小昆虫，意味着娘娘神送来的是女孩，若是水里的小动物，则认为是龙王贵子（男孩）。大家将小虫放进花桥里，仪式结束，将花桥立在媳妇房间门。

> 知识链接 **花桥** 用竹子扎成，呈方形或长方形，三面封闭，前面开口，用红绿纸剪成许多纸人贴在桥上，挂在卧室壁上长期供奉。桥上两边贴“娘娘送子来，观音保平安”对联。有的地方要由外婆家送一对金竹竿来做桥柱，竹竿要一样大、一样高，连根拔，不折尖。

“做桥” “做桥”与“搭花桥”的目的和意义基本相同，但形式和规模稍有差异。“搭花桥”规模小一些，而“做桥”时，全部亲戚都要到齐，相当隆重。活动通常要延续3至7天，内容丰富，有歌、舞、巫术等，用布依语唱《米魂引花歌》《粽子引花歌》和《鸡蛋引花歌》等20余部与求子相关的古歌，人们一边唱一边将白布扔向插在花筒里的“红纸花”，粘上一枝花，就标志得一个孩子，其场面热闹非凡。

“改都雅”（敬门神） 在贵州省的安顺一带布依族地区，新媳妇怀第一胎时，为了让她能顺利生下长子或长女，要在家中举行“改都雅”（敬门神）仪式，设坛奉献猪肉、公鸡、酒、糯米饭等祭品。仪式由舅家选择一对竹节一致、高矮相同的金竹，派两名男性长者送竹前来祝贺，意为“神竹送子”。布摩用青竹弯成拱门，门上挂着红纸人行三排（每排9人）。纸人图案互相牵手，表示子孙发达。布摩诵祭词谢赐子，祈祷祖神保佑，又将神竹安放到孕妇卧室门口或床头上方。相信经此仪式，孕妇便能顺利生产，不出意外事故。这根神竹需保留到该妇女超过生育年龄时才能取下。在盘江西岸举行这种仪式时，是由布摩采新鲜大楠竹破成一个船形，竹船下扎茅人，茅人身缠一支竹桨，作为祈子神物。将此物放在主家水缸脚祭祀，以竹船渡魂魄过盘江，孕妇便能顺利生育。

此外，在一些地方还有“要回伞”和“要花糯米饭”的求子习俗。

诞生习俗

分娩　布依族妇女分娩时，要请有接生经验的邻里或亲戚妇女来接生，用茅草叶来拍打产妇的卧室，以驱除邪魔。将婴儿胎盘用稻草包扎于竹上，意即以竹助长，繁茂如竹。妇女产子后的一个月之内，不出门，不干活，专心休养，护理婴儿。

请奶娘　布依族妇女生孩子后，不管有无奶汁，都要按习俗请一位健康的奶娘给婴儿喂奶，时隔数日，婴儿才能吃母亲的奶汁，奶娘一般不要任何报酬，等到孩子长大懂事后，其父亲便告诉孩子的奶娘是谁，以便日后记情报恩。

过三朝　孩子生下的第三个早晨，亲戚和家族中的妇女带着礼物前来祝贺，礼物有花布、童衣、褓褓、小帽、小鞋、母鸡、糯米、花糯饭、鸡蛋、甜酒等，主家回赠客人一篮五色糯米饭和鸡肉块。还请布摩举行“招

刺绣

魂”仪式或“卜卦”“驱鬼”等。若生男孩，供桌上放一本书或笔墨纸张，希望孩子长大读书做官，若生女孩则放一把剪刀、一块土花布或针线，希望女儿日后纺纱织布，刺绣挑花，心灵手巧。在贵阳市郊区的布依族举行这种仪式时，生育男孩者需栽一篷金竹，生育女孩则需栽一篷水竹。清镇一带的布依族将小孩出生后第三天的活动称为“洗三”，也叫“吃三朝饭”。所谓“洗三”，就是上山采集几种草药，洗净后煨水，给产妇和孩子洗澡，从头到脚洗干净，给小孩儿穿上衣服。

写八字 小孩儿出生后，要请布摩或当地文化水平较高的人到家里来写“八字”。写八字一般是孩子出生的第三天。写八字之前，主家先要摆酒饭敬供祖宗，意在告知祖先，家里添了人口，请老祖宗保佑小孩平安无事，快快长大。先生向主人问明小孩儿出生的具体时间，然后把出生时间与天干地支相对应之后，以农历为准将孩子的八字记录在生辰簿上。

月米酒 生第一个孩子要办月米酒，或称满月酒，这是各地布依族共同的习俗。其隆重程度仅次于结婚酒。长子（女）以后生的小孩儿虽然也办月米酒，但都不隆重。月米酒一般是在小孩

知识链接 **布依族背带** 几乎每一个布依族人的幼儿时期，都有这样的经历，被一个温暖厚实的背带裹着，熟睡在妈妈的背上，这个背带凝聚着妈妈的祝福，寄托着全家人的希望。

背带

布依族背带的制作，一般都是由孩子的母亲完成，由于背带制作过程极为复杂烦琐，有的背带在婚前就开始动手准备了。一个完整的背带，要由很多部分组成，一般都是在各部件上绣花，全部绣完后才缝合成一整块。背带上的图案少不了吉祥花草，这些花草来自山川田野，房前屋后，都是布依族妇女们从自然中提取，以自己民族特有的审美，把它们收藏在自己的生活里。背带里除了花草，当然还有象征着民族来源的图腾图案鸟和鱼，在布依族的民族神话宗教经典里记录着“……百越之祖为鸟化，与鱼恋……”说明了布依族是古代百越中的一支，男性始祖为鸟，女性始祖为鱼，鱼要生活在水里。他们的后代就是布依族。这虽然是神话传说，但是也证明了布依族人把美好的愿望寄托于吉祥的动物上，所以在布依族的背带上绣有图案化的鸟、鱼和水，是希望自己的家族兴旺。

儿出生两周后择定吉日举办。时间定下后，主家要做好充分准备，用丰盛的酒宴来款待宾客。办月米酒这天，小孩儿外家的来客是最受尊重的，主家要挑选一些年轻力壮的小伙子直接到孩子的外家去迎接，主要是帮着挑礼物，礼物通常有甜酒、大米、鸡蛋、鸡、鸭、襁褓、被褥、披风、银头饰等。另外，还要送一件衣服和一块头帕给孩子的奶奶。迎亲的人在寨门口等候。客人到达时，上前迎接，唱迎客歌，安排客人到住处休息。下午，主家设宴款待嘉宾。入席时，外家客人坐一起，其他亲朋坐一起，主家要请家族中的人分别陪坐。席间，主客双方互相敬酒、敬歌，热闹非凡。晚上，主家在堂屋中间摆3张桌子，桌上摆着外家送来的各种礼物，让亲朋好友及寨邻前来参观。展示结束，来客在主家堂屋对歌至深夜，尽兴方休。有些地方布依族办月米酒特别隆重，如贵州清镇一带，前后要办3天。

养育习俗

布依族家庭养育习俗充分体现出父母对子女的关爱。布依族地区过去缺医少药，对疾病缺乏科学的认识，因此，小孩儿一旦得了疾病，总认为是得罪了哪路神仙，是某种神秘的力量在作祟，四处求神问佛，长此以往，逐渐形成了一些传统的习俗。布依族育儿方面的习俗常见的有拜“保爷”、立“指路碑和挡箭牌”、搭“保命桥”、戴锁等。

拜“保爷”　拜“保爷”的习俗在布依族地区普遍存在。过去，小孩体弱多病或久病不愈，父母多认为是孩子命薄，或“命”犯关煞等，要找“保爷”护佑，称为“拜寄”。“保爷”有人和物两种。拜人的方式较多，有的按姓氏或属相选定，或找生辰八字与孩子相符合的人做“保爷”；有的由父母领着小孩儿，带上酒肉在岔路口等候，最先遇到谁，谁就是“保爷”。还有就是准备好一桌丰盛的酒席，让小孩儿站在岔路口等候，凡遇见先来者，不论男女老幼，贫富贵贱，都要拜他为“保爷”，受拜者应邀入席，一般不得推辞。“保爷”确定下来后，择吉日携带酒、肉和大公鸡到“保爷”家拜寄。“保爷”家设宴款待前来拜寄者，并邀请家族和邻居作陪。“保爷”以自己的姓氏为拜寄者取名，并赠送新衣等作为礼物，过去还要送一块银质“长命富贵锁”，让拜寄者挂于胸前。拜物通常以巨石、大树作为拜祭的对象，比较固定。主家备办酒肉，选择吉时带小孩儿到所拜之物前跪拜。此后每年都按规定时日，备酒、肉、香、蜡、纸等，前去祭拜。同时，有的还要在住宅附近栽保命树、保命竹，让这棵树（竹）伴随被保之人至终老。

立指路碑和挡箭牌 过去，孩子生病，父母通常要请巫师或布摩来推算，看看是否犯有“将军关”和“夜哭关”等，然后采取相应措施进行禳解。立指路碑和挡箭牌是常见的形式。在布依族民间信仰中，“将军关”是因为冥界将军过路，骑在马背上射箭，无意射中了小孩儿。这就要立挡箭牌挡住“阴箭”，以免伤人。小孩儿夜哭不停，通常认为是犯了“夜哭关”，要请布摩在三岔路口立一块指路碑，碑上写明“上走某处，下走某处，左走某处，右走某处”，虽有明显的迷信色彩，但对道路不熟的行人也起到了指引的作用。有些地方的指路碑上还刻有“天黄黄，地黄黄，家中有个夜哭郎，过路君子念一遍，孩儿睡到大天光”等文字。

布依族村寨旁的指路碑和挡箭牌

搭“保命桥” 为使小孩儿能顺利成长，有的人家要搭“保命桥”。过去，孩子经常生病，父母就要请道士、布摩或巫师来推算。若小孩儿犯有“断桥关”，就要请道士或布摩举行仪式进行禳解。仪式在家举行，主家要备两只公鸡、刀头、粑粑、豆腐、香、蜡、纸、烛和蓝布。将蓝布搭成桥状，布摩念咒语，烧香烧纸，杀鸡后，用鸡毛粘血贴在布搭成的桥上，随即到外面小

▲ 布依族民俗“搭保命桥”

路上有小沟的地方，用一块石板搭一个便桥，给行人好走，就算仪式结束。

戴锁　过去，父母请道士先生给孩子推算，如果小孩生辰八字犯了“百日关”“千日关”等的，就要给小孩戴锁，用锁来锁住小孩，保他日日平安，健康成长。锁由银子锻造而成，重量有数十克到百余克不等，上面铸有“长命富贵”四字，锁有“百家锁”“外家锁”两种，孩子戴什么锁，由其八字而定。“百家锁”要用100家人的钱来买，“外家锁”用孩子外婆家的钱来买。戴锁也要择吉日，由布摩举行仪式，亲戚前来祝贺，送礼、放鞭炮等，由外家或布摩将锁挂在小孩脖子上，讲些吉利的话。

◀ 布依族儿童佩戴的长命富贵锁

婚姻习俗

择配

历史上，布依族婚姻的缔结曾经是自由选择和凭媒说合两种方式并存。据《大明一统志》载，当时是由男女自由择配，再由家长出面议定聘礼。之后，凭媒说合的就越来越普遍。到了明朝末年，由于汉族文化教育的影响和民族间交往的增多，婚姻的缔结都仿效汉族，如要经媒说合，讲究门当户对等等。在贵州西部地区许多县，婚姻的缔结，仍然要征得当事人的同意方可成亲。民国初年《关岭县志访册·苗夷》说："婚姻多自主。"到了民国二十九年时，仍是由当事人自己择定，然后求媒人去说亲，正如民国《册亨县乡土志略·风俗》所记载："男女……互通情愫，自相择配后，始通媒妁。"可见这种婚姻形式介乎自由择配与父母包办之间，并且沿袭至今。例如黔西南布依族苗族自治州的贞丰县，男孩儿长到十四五岁时，父母就为他们物色对象，见到某家姑娘聪明伶俐，又很勤劳，生怕别人抢先，便及早与之订亲。新中国成立后，随着婚姻法的逐渐贯彻实施，多数地区的布依族青年男女一般都通过各种社交活动和本民族传统的"浪哨""浪

布依族青年男女浪哨浪貌

貌”习俗，以唱歌、对唱等形式，自由选择对象，父母包办的逐渐减少。20世纪90年代以来，男女青年的婚姻基本上是自己决定，父母的意见仅供参考。

布依族青年男女浪哨浪貌

布依族历来是聚族而居，过去一般都只能在本民族内部通婚，与外民族联姻的情况很少见。即使是本民族内部，也还有同姓同宗禁止联姻的规定。如镇宁扁担山地区的李、潘、梁、陈四姓和卢、马两姓，都匀市平庄乡的赵、何、骆、罗、杨，刘、孟、陆八姓，紫云县罗、李二姓，都被认为是同姓同宗，不能联姻。有的地区虽然同姓，但据说不是同宗，也可以联姻，如龙里县三元场地区的罗姓与贵定县盘江一带的罗姓，望谟县平绕一带不同宗的王姓，册亨县不同宗的黄姓等。另外，还严禁辈分不同者结婚，否则被认为是乱伦，同时也会引起亲戚之间称呼的混乱。当然，是否门当户对，家境如何也是联姻必须考虑的问题。

过去，多数布依族地区存在“姑舅表婚”“侄女赶姑妈”“姨妈亲”“背带亲”“童年亲”“指腹为婚”等不良的婚姻习俗，新中国成立以后，《婚姻法》明确规定，三代以内有血缘关系的禁止通婚，这一陋习彻底消除。

知识链接 **浪哨、浪貌** 布依族男女社交习俗。布依语音译，其中“浪”即布依语“坐”的意思，“哨”和“貌”是布依族男女青年对对方的称呼。男青年称自己中意的女青年为“哨”或“买哨”，女青年称自己中意的男青年为“貌”或“布貌”。浪哨、浪貌指男女青年在经过朋友介绍认识之后，通过优美的歌声或语言讲述自己的经历、交流双方感兴趣的事或倾诉彼此对对方的爱慕之情等。浪哨、浪貌一般利用赶集的时间、婚丧嫁娶等场合在一起做客的时候进行。

婚姻程序

长期以来，布依族婚姻的缔结一般都要经过议亲、说媒、订

参加婚礼的路上

亲、结婚、坐家等几个步骤。

议亲 过去，受汉文化的影响，“命相说”在布依族婚姻缔结过程中也发挥着重要的作用。男方请媒人提亲之前，要先了解女方的生辰八字，请算命先生推算双方的生辰八字是相生还是相克，称为“合八字”，如果双方八字不合，则不能结为夫妻，只有男女双方命运相生，夫妻才能白头到老。因而包办婚姻代替了自由择偶，即使有相爱的情侣，也不一定结成眷属。直到现在，个别布依族还很讲究这一套。有些地区，在提亲前还有一个相亲的过程。相亲是由男女双方父母带着自己的儿女（如子女太小，就由女方父母决定），利用赶场、节庆日或走亲访友的时间，到适当的地方见面。男方称之为“看媳妇”，女方称之为“相姑爷”。相亲是布依族婚姻缔结过程中一个重要环节，很受重视，认为是婚姻成败的关键。因而，有时女方为了弄清男方的家境，甚至还要去登门拜访，所以有些地区流行“宁可葬错一座坟，不可错选一门亲”的俗谚。此外，挑媳妇要看人品、性格、手艺等，女方则要求男方机智、灵活、忠诚、孝顺、会耕田做工。即便是青年男女自由恋爱、自愿成对后，也要通过双方父母“相亲”后，才能提亲。

提亲 男方家看中某家女孩以后，便托媒人前去提亲。媒妁之言在布依族婚姻缔结过程中发挥着重要作用。媒人通常由有儿有女、忠实可靠、讲信用、口碑好的中年以上的长者来充当。做媒人是一桩辛苦的差事，因此在社会上很受尊敬。而媒人一般也都是尽心尽力、任劳任怨地去促成双方的婚事。媒人有“走媒”和“坐媒”之分，男女均可。“走媒”受男方的委托，第一次到女方家提亲，无须带任何礼物，只要先找到“坐媒”商谈，再由“坐媒”向女方家长提亲。女方一般不轻易表态，往往推脱女儿年纪还小，只表示知道此事而已。第二次去说媒，如果女方又谦逊推脱，还需媒人第三次前往，并夸奖女方如何乖巧能干，又夸男方如何有本事、会当家等等。如女方有同意的意思，“坐媒”即转告“走媒”，“走媒”又转告男方家长。下一次“走媒”就得带上红糖和酒等礼品，和“坐媒”一道去女方家提亲。女方父母一般都要热情接待，留下吃饭，并将带来的酒斟给媒人喝。收下了红糖，酒壶也不退还，就算是表示同意，如果不同意，便将礼物退回。通常情况下，媒人都要往返几次才能成功，女方家也要经过多次了解，深思熟虑，才能决断。经双方父母同意后，还要让“坐媒”去征求本族中老辈和外祖父母、舅舅的意见，最后正式确定这桩亲事。亲事确定下来后，男方必须准备好礼物、礼金，选择吉日，约请“走媒”和“坐媒”一道去女方家，称为交“开口钱”。女方将礼物分给家族各家后，各家分别招待媒人吃一顿饭，同时和媒人商量订亲酒所需的礼物。到此，媒人就宣告“提亲”大功告成。

知识链接 **走媒、坐媒** “走媒”，男方托的媒。也有的请家族长者做媒人，又称家族媒。“坐媒”，女方的媒人。

订亲 男方的“提亲”得到应允以后，双方即开始频繁往来，加深感情。到了可以谈婚论嫁的年龄，便举行“订亲”仪式。由男方选择吉日，通知女方做好准备。那一天，男方家请人抬着用大红纸封口的一大坛酒、若干块红糖（按女方家族户头，每户一块）、一盘用红纸包装的爆竹、一只大公鸡。另外还要送彩礼钱若干，其数量不同时代、不同地区有不同的惯例。男方送礼到女方大门口时，女方让抬礼品的青年进门后，便用一张八仙桌挡住门口，要客人先唱“开门歌”，才准进门。接着由家族中有威望的长者（或布摩）主持敬祖仪式，将男方送来的礼物摆在神龛前的桌上，杀鸡敬祖，鸣放鞭炮。仪式过后，彩礼由媒人交

▲

接亲队伍

给女方家族长者，再由他转交给女方父母。第二天在女方家吃过“发脚饭”，客人方能回去，女方备有衣服、鞋子、鞋垫、糍粑等礼品相送。在黔西南的一些地区，嫁妆钱男方出，女方代办，聘金数目视男方家经济条件而定。女方父母、亲友也要赠送一些东西。订婚后，准女婿每年给岳父家送一只猪腿、糯米粑及酒等礼物，以示孝敬。有的地区，“订亲”过程中还有“接八字”或“要八字”“讨八字”“背八字”等仪式。

结婚 结婚形式，各地有所不同，过去有骑马、坐轿的，有打伞步行的。骑马、坐轿只限于富裕人家，不是十分普遍，明显是受汉族文化的影响。大多数地区，婚礼的前一天，男方家要组织一支接亲小队前往新娘家接亲，这支队伍由一位押礼先生带队，包括2到4人的唢呐队，女童1人，男童1人，壮小伙子七八个。押礼先生通常由男媒人充当，其职责是携带彩礼（现金），并转交给女方家，女童的职责是陪伴新娘，男童则负责背“鸾书”，小伙子们的任务是抬嫁妆。多数地区新郎不必亲自前往，但有些地区则新郎要亲自去。女方家通常办得也很隆重，亲戚朋友前来送礼庆贺。当天晚饭前，要举行仪式，履行交接彩礼的手续。女方家人及亲友通常都要借机刁难对方一番，比如嫌彩礼太少之类。彩礼交接完毕，才能吃晚饭。彩礼交接过后，新娘便待在闺房中，家族、亲戚中的女性长辈以及要好的朋友前去探望。多数地区布依族姑娘出嫁前没有哭嫁的习俗，即不以歌唱的形式哭嫁，但想到马上要告别童年，告别家人和好友，免不了要痛哭一番。

第二天一早，举行“发亲”仪式，新娘的哥哥将新娘从闺房里背出来，跪拜祖宗及父母，由前来接亲的女童撑着伞，扶新娘走出家门前往新郎家。男童背着“鸾书”走在最前面，新娘家的送亲队伍走在中间，送亲队伍包括新娘的叔、婶、兄弟和姐妹各一人，唢呐队及抬嫁妆的队伍殿后。送亲的

布依族苗族青年联姻

婚礼中

南龙古寨布依族干栏式建筑里的婚俗

队伍沿途如遇山神庙、社庙等还要烧香祭拜。进新郎家时，有些地区还要举行“回车马”“过火盆”等仪式。有些地方新郎的父母，甚至全家人都要避开。新娘新郎拜堂时要放鞭炮，先拜天地、祖宗，再拜家族长辈，最后拜新郎的父母。拜堂结束，由小姑或家族中的一位妇女带新娘和伴娘至休息的房间。有的地方有新婚之夜闹新房的习俗，但通常由伴娘准备一些瓜子、糖果、小手绢等来应付，新郎不能踏进新房一步，更不能与新娘同房。

结婚新喜，各方亲朋好友都来送礼、祝贺，礼金和礼品的多少视关系的远近程度而定。有送酒送米的，多数人送现金，近几年最少50元，多则上千元不等。通常情况下，喜酒期为3天。在此期间，新娘由伴娘陪吃陪住。第三天新娘在新郎的陪同下回娘家，俗称“回门”。男方家要送给新娘及其家人、家族一些礼品，礼物的多少各地有所不同。

在贵阳市及周边地区，布依族婚礼又别具一格。结婚当日，当女方家送亲客来到新郎家寨门时，寨上的中青年妇女要用长凳和荆棘挡住入口处，妇女们手提一壶酒，端一小盘，盘上置上几只酒杯，等在那里给送亲客敬酒，以示欢迎。送亲客必须先唱答谢歌和开门歌，后才喝酒，再挪开路障，进入寨子。当送亲客走到新郎家门口时，另一些妇女等在那里逐个敬酒，唱“迎客歌”，送亲客以歌对答，歌毕捧杯饮酒。两天正席过去，第三天吃过午饭，送亲客就回家了。客人出门前，主家年轻妇女又用板凳和荆条拦挡在朝门外和村外，以酒送行，客人要唱歌喝酒才放行。客人都散去了，新娘留在夫家住几天，由小姑陪宿。此后每天就由家族和寨里的近亲，轮流请去吃饭，直到都请遍了才回娘家。新娘回门由新郎或小姑送去，并要送些喜粑和酒。女家将喜粑切成若干小块，分送家族各户。

接亲队伍

此外，布依族传统婚姻习俗中还有一些独特的习俗，如绝大多数布依族过去普遍存在婚后“不落夫家”的习俗，镇宁县部分

知识链接

不落夫家 不落夫家是指新娘婚后不是立即与新郎生活在一起，而是回到娘家长住，这是布依族传统婚姻中普遍存在的一种形式。有的地区，新娘在结婚当天即随送亲客一道回娘家；有的地区，虽然在夫家住几天，但不与新郎同宿，而是与伴娘日同行夜同宿，然后回娘家。直到第二年农忙季节，男家备一瓶酒、一包糖、一只鸡或是其他礼物去把新娘接回家来。一般由新郎的母亲或姐妹去接。有的地区在新婚的头一年内，新娘的父母婉言谢绝夫家的要求，不让女儿去夫家，以后男家到了农忙时又去接，头一二年，每次只住几天，做些农活又回娘家。不落夫家的原因多数是由于过去普遍存在的早婚现象造成的，少数则是受情感因素的影响。因此，“不落夫家”，时间的长短，一般以结婚时的年龄大小而定，短的三五年，长的七八年。如果男女双方对婚姻不满，或因年龄太小不宜住夫家的话，“不坐家”的时间甚至有长达十几年的。当男女双方都到了成年，新娘每年到夫家去住的那些日子里，怀了孕，就长住夫家了。

戴假壳 “戴假壳”是贵州省镇宁布依族苗族自治县扁担山一带过去流行的一种独特婚姻习俗，布依语称为“摇更考”“更考”，亦称“师考”，即把少女的长发辫挽成媳妇的发髻形式。“假壳”是形似簸箕的女帽，以竹笋壳为架，用青布结扎而成。在“戴假壳”时，还须加上一块花帕子。“戴假壳”是让婚后“不落夫家”妇女结束长住娘家的生活，到夫家过日子的一种仪式，带有一定的强制性。“戴假壳”的时间，限于每年的八九月到次年的四月，夫家秘密做好准备，届时由新娘的婆婆、嫂嫂或亲戚中的两名妇女，携带一只鸡和一顶“假壳”帽，潜入新娘家，躲在隐蔽处，趁新娘不备，将其搂住，强解其发辫，给其戴上“假壳”，从此新娘就长住夫家了。但如果新娘因强力挣扎，致使“假壳”没能成功戴上，还得改日重来，直至成功。

地区婚后要给新娘“戴假壳”之后，她才到夫家常住的习俗等，在此就不一一叙述了。

家庭礼仪

以孝为先，尊老爱幼

尊敬老人 孝敬父母、尊敬老人在布依族人看来是天经地义的事，民间有“天上雷公大，天下父母大”“饮酒先敬父，吃肉先敬兄”“山大长杂草，人大养父母”等谚语。布依族在尊老方面，有具体的言行规范和细则，违之则会受到社会的谴责。家里再穷也要尽心赡养老人，不得怠慢。与老年人或长辈同行，必须让他们走在前面；同行时有10岁以下的小孩儿，也要让其走在前面，若同时跟老年人或长辈及小孩儿同行，那么，老年人和长辈走在前，小孩儿走在中间，青年或壮年殿后。路上见老年人或长辈挑、抬东西，若是顺路必须为他们挑、抬一段路程，甚至送到家。家里的事情小辈应该主动去做。晚上入睡前，先敬让长辈盥洗；早晨起来，长辈又让小辈先漱洗。故有“洗脚敬老，洗脸让小”的说法。

布依族老年妇女服饰

生活上，吃饭时要先请老人，与老年人或长辈同桌吃饭，必须让他们坐上席，青年人或晚辈只能坐左右席。席间，晚辈要主动为长辈盛饭、拈菜，给他们递烟、递茶或盛饭时，也必须双手

知识链接 **上席** 布依族民居朝向不统一，南北向、东西向都有。因此，人们通常将神龛下的席视为上席。

接递；鸡头、鸡肝、鸡心一定要敬给老人吃。若有小孩儿同席，鸡腿就让给小孩儿吃。吃饭时要等全家人坐齐，好菜肴先由长辈动筷子。花溪镇山村布依族就餐饮酒吃菜也有规矩，斟酒要先敬老，饮酒也要先敬老。吃菜则由老人先将桌上的每一道菜都动过一轮后，小辈才能吃。

在言谈上，晚辈对长辈，年幼者对年长者的称呼一般都要用敬语尊称，自己则要用谦称。对长辈或年老的客人，都要带“老”字，如“您老人家”或“您老”之类；对家长、亲戚，要按辈分及彼此关系称呼，不能直呼名字；对同辈年长者也要称“哥哥”“姐姐”“表哥”“表姐”等，不能直呼其名。在老人、长辈或客人面前，不能讲粗话，不能随地吐痰、跷腿或伸手动脚等。给对方递东西时必须用双手；若是一只手，那么空余的那只手必须捋起送物这只手的袖口，以示歉意。老人、长辈和客人在家中坐下以后，不能从他们面前走过，只能从背后绕行，以示尊敬和礼貌。布依族的住房一般都是一层竹楼或木板楼，因此，凡是老人、长辈或客人坐在楼下，年轻人特别是儿媳妇不能上楼去取东西，实在非取不可，则要请他们暂时避让一下，方可上楼，以示尊重。

若有人不孝敬祖父母和父母，会受到左邻右舍的谴责，一般在分家时都要划出养老田、养老地。布依族老人在分家后一般跟最小的儿子一起居住，百年归天后也由他负责安葬，因此，养老田和养老地就归他所有，安葬老人的费用也不分摊给其他兄弟。父母在世时，由父母处理家庭重大事务；父母去世后，有长兄、长嫂承担，分家时也分一份“长哥田”，以示酬劳。

爱护小辈 爱护孩子仅次于孝敬父母，主要表现在以下几个方面：

生活上照顾。布依族家庭，从孩子出生、成长到能够独立生活，无处不体现出父母的关爱，平时在生活上充分体现出父母对孩子的体贴。每年新年到来时，无论家境有多困难，都要给孩子制备一套新衣，让他们穿得干干净净地过年。在宴席上，好吃的

背带上的布依族儿童

东西，如扣肉、鸡腿等通常要专门留给孩子吃。在一些地区，每年传统节日“六月六”那天，父母都要给未成年的孩子置办新衣，杀一只小鸡炖好，让他们带到野外一边玩耍一边吃。孩子外出到吃饭的时间未回，父母都要到村里去找，等他们回来后一起吃，若错过了吃饭的时间，父母要挑好吃的留给他们。父母外出赴宴或吃酒席，每一道菜都要挑出一块放在一边，用玉米皮包好带回来给孩子吃，俗称“杂包”。总之，在布依族家庭中，日常生活中无时无刻不体现出父母对孩子的体贴和关爱。

重视对子女礼仪教育。长期以来，布依族非常重视家庭教育，母亲偏重教育女儿，父亲偏重教育儿子，特别是教育儿子对女孩子说话要客气，要互相尊重，不准讲不文明的话。对后代的教育可分为故事教、婚教、丧教等。故事教即通过一些尊老爱幼、尊兄爱弟的故事来教育孩子，如《神仙岩治恶人》《狗犁田的故事》《张李与张笑》都是讲孩子孝敬父母、哥哥照顾弟弟的好处以及苛刻父母、虐待兄弟的恶果。婚教指父母对子女就婚后应尽的责任和义务进行指导和教育。母亲教育女儿要学会做饭、尊敬公婆、说话和蔼、尽到做妻子应尽的责任、不说不利于团结的话等。父亲教育儿子要称岳父母为爹妈，岳父母有困难，做姑爷的要帮助。平时要注意关心妻子，特别是在有困难的时候。丧教指通过逝者葬礼过程中的一些仪式、唱词对小辈进行尊敬老人、孝敬父母的教育。如在一些信奉道教的地方，老人去世后，

学习布依族传统礼仪的学生

在葬礼中要举行“散花”仪式，道士先生唱“二十四孝”，对孝子们进行教育。还要唱“孝歌”，通过生动、感人的歌词使参加葬礼的人，尤其是晚辈从中得到教育，具有非常重要的意义。

此外，不论在家里或社会中，时刻都要吃苦在前，享受在后。比如在家里，父母一般要鼓励子女勤劳、诚实，不好吃懒做，不能偷盗和做不道德的事情，对父母要赡养，对长辈要尊重，对朋友要诚实守信，与人要和睦相处，接待客人要热情。

热情待客

布依族家庭待客向来热情。来客不论是本族人还是外族人，也不论是亲戚朋友还是陌生人，只要走进家门，都要以礼相待，先安顿老人，再招呼年轻人和小孩，过去，新媳妇一般不能出面接待，也不能同客人讲话。等客人进家坐下，新媳妇要出来双手递上烟茶，表示主人对客人的尊敬和欢迎。有的人家没有备茶，就以酒代茶，送上一碗米酒，这是布依人家招待临时访客的一种方式。平时一家有客，全族人轮流宴请。客人到家不论住多久，对其餐食分文不取。客人离去，主人要千方百计挽留，留不住则要出门热情相送。

如有尊贵的客人到来，主家要杀鸡宰猪或杀狗款待，至少也要杀一只鸡。杀鸡待客是布依族最为普通的待客礼仪。如果是专程来访的客人，那就更热情了。一般来男客由男主人陪伴，来女

▲ 布依族隆重的迎客仪式

客由女主人陪伴。先装烟倒茶，互叙家常，或商谈要事，然后备酒饭，设宴款待。席上菜肴的质量和多少，与客人的身份和季节的不同有所差异，菜肴有荤有素，男客多饮自酿米酒，午晚两顿正餐，少不了佳肴美酒。

布依族招待儿女亲家，礼节更是隆重讲究。亲家到来，主人要邀约家族中同辈的人来作陪。家族中每家还要轮流设宴款待来客，吃了一家又一家，直到轮完为止，往往十天半月才结束。席间，主宾坐上席，陪客的人坐两边。宾主互相敬酒，欢声笑语，气氛热烈。

花溪镇山布依族走亲访友，总称做客。外出做客，亲戚家要请族中之人来陪吃饭，晚上再陪客人唱歌。布依族老人们喜欢唱亲家歌，俗称“打亲家”。中年人喜欢唱山歌，未婚男女则喜欢对情歌。唱歌地点一般设在堂屋内，这种对歌往往要唱至天明方才罢休。做客迎来送往，喜设拦路酒、朝门酒、堂屋酒等。这种喝酒方式最能体现主人好客之意。在布依族家庭做客，席间座位也比较讲究，在堂屋内设置一张八仙桌，以堂屋神龛之下为上席，属于长辈、老人或主宾就座之位；左右两旁为下座，属于晚辈之席位。

丧葬习俗

布依族有自己独特的丧葬习俗，在大多数布依族聚居地区仍然保留，而在一些比较靠近城镇的布依族村寨，或历史上受汉文化影响较大的地区，丧葬多遵循汉族的道教礼仪。

入殓

多数布依族地区，家中有老人去世，要立即放铁炮3响，或燃放爆竹向邻里报丧，另外还要派专人到死者外家、女儿家报丧。见外祖父母或舅父母时，要跪下哭诉。舅家即随同孝子到丧家，共同商议办理丧葬事宜。丧家门外竖立一根幡竿，用白纸写上“当大事”3个大字贴在大门上，以表示家里正在办理丧事。

丧葬祭祀——幡竿

老人一咽气后便由孝子用清水来给老人洗遗体。如死者是男性，须将头发剃光，是女性就把头发梳好。有些地方女性死者要着裙装，裹上白布，盖上一方红绫，头上包黑纱帕。父亲或母亲尚健在的死者，一定要头包白帕，表示戴孝入棺。如果死者有亲人在外，棺盖留一个缝，待亲人全部回来与死者告别后才盖紧棺盖。用熟石灰、草木灰及木炭垫在棺材底板上，再铺上厚厚一层草纸、白纸等，然后将死者尸体平放在上面。在部分布依族地区，入殓当晚，孝子、孝女、孝媳要围在棺材边，长孝子给死者口中放一块碎银，孝媳、孝女每人给死者送一块白布去垫裹。用白纸或草纸将棺材缝糊好，棺材放在两张凳子上，多

数地区死者头朝神龛，足抵大门。有些地区无此忌讳。棺材下面放一盏菜油灯，名叫“长明灯”，棺材前临时用竹和白纸扎一隔板，称为“隔坛”，布摩在白纸上绘“八仙”和花、鸟、竹等图案。隔坛前放一张供桌，桌上放一口装满稻谷的小斗，斗里插有香烛，边上放果点之类供品。有些地方，老人病重即搬到神龛脚或厨房，一家人在一旁守护，直到老人咽气。在长顺县一带，如果母亲过世，必须到其娘家报丧，父亲过世则不报。非正常死亡者，或死后尸体有创伤者，要连同棺材一起焚烧，然后埋葬，有些地方还要杀一头牛来做替身。

各地入殓都要选择时辰，独山县江寨一带要择时辰将棺材抬到门外停放，不安置在堂屋。一般都由丧家族长或布摩揭开死者脸上盖的白纸或白布，再让全家亲人最后一次向死者告别，才鸣炮三响，擂铜鼓声，以示哀悼。

祭奠

死者入殓之后要设祭坛进行祭奠，祭奠过程各地区不尽相同。如望谟、罗甸一带有的村寨采用道教的礼俗，要做道场5至7天，甚至9天。程序和做法上与汉族的佛教和道教大同小异。多数地方由本民族的布摩来设坛祭奠，仪式与道场有较大差别。祭奠时间的长短由布摩测算，从入殓之时起到出殡下葬，短的有两三天，长的有四五天。死者入殓后，布摩择日举行“开路”仪式，然后开坛念诵摩经。摩经内容各地有相同的部分，如“嘱咐经”各地摩经里都有，“安王与祖王”大多数地区都有，只是内容详略差别较大。开坛诵经以后，每天都有亲友前来献祭，出殡前一天及出殡当日，祭奠仪式最为隆重。一些地区，出殡当天要在村边一空旷的场地举行“砍嘎”仪式。当日清晨，布摩在家祭奠一番后，一路念着“下场经”到举行“砍嘎”仪式的地方，在场地旁边摆一小方桌，场地中央拴一头牛。“砍嘎”前，布摩带领孝子、孝女、孝媳绕着牛先逆时针转3圈，再顺时针转数圈，其间还要穿插举行一些简短的仪式，最后由死者的姑爷家将牛宰杀，煮熟了分给一起前来祭奠的客人吃。宰牛祭奠各地有不同的解释，有的认为是为亡人解除灾难，有的地区认为这一习俗与一个从远古流传下来的传说有关。流传于望谟一带的摩经抄本中有这样一段记载：

丧葬祭祀——祭坛

远古时候有一种人叫作“独热”，其形似人非人，似兽非兽，爱吃人肉。据说老年人死了，他们争着去吃。后来有一个“迪云”的后生在山上放牛时，看见母牛下崽难产，非常痛苦，他联想到自己的母亲生自己时也一定是这种状况。于是在他父母死的时候，他不忍心拿他们的肉给“独热”吃，就用木头做成棺材将他们埋了，然后用野牛的肉来代替父母的肉分给“独热”吃。从那以后，这一习俗就沿袭了下来。

从死者入殓后直到出殡下葬那天，丧家子媳和家族的人都要忌荤，只吃素，下葬后才开荤。

出殡和安葬

出殡的时间各地不完全相同，有的在清晨，贞丰北盘江镇一带一般在“砍嘎”仪式之后。出殡前，布摩要站在棺材边念诵

丧葬祭祀——转场

"嘱咐经（摩当）"。然后将棺材移至庭院，丧家亲戚朋友都前来参加送丧，棺材上盖一条红帐，上站一只雄鸡。亲朋好友及村里的青壮年帮忙用绳索将棺材绑好，穿上木杠，待布摩一声令下，众人一起将棺材抬起缓缓向院外走去。根据死者身份的高低以及丧家在人们心目中的地位，抬棺讲究四人抬、八人抬和十六人抬，要四平八稳，没抬杠的人随行帮着扶棺材或协助抬杠的人。一路丢纸钱，俗称"买路钱"。孝子手拿拄丧棒在前引路。遇到路不好走需换人时，孝子要跪下迎候。过桥时，孝子们要在棺底背棺而过。棺后随行的人拿着纸人、纸马、纸幡、纸伞，吹着唢呐，敲锣打鼓，孝女和孝媳们一路哭着送灵柩到墓地，如墓地太远，亲友只送到半路。

丧家先请阴阳先生择定墓地，按择定的地点和方位挖好墓穴。灵柩送到后，把死者的衣物及纸人、纸马、纸伞等烧掉。棺木下葬之前，先在墓穴里撒一把米，阴阳先生用朱砂画一个八卦图，放只公鸡进墓穴吃米，俗称"滚井"，再在墓穴里洒酒。然后由阴阳先生在四角撒米，把雄鸡杀死将血洒在四角及周围，最后众人把棺材放入墓穴。孝子撮第一铲土盖棺，然后众人帮着撮土垒坟，有的用石灰拌土先盖满墓穴，再用草饼垒成坟墓。墓上插着纸钱、吊杆，孝子再跪祭一次，抬棺和垒坟的人用清水洗净手，再用酒冲一次，点燃一小堆柴火，众人跨火而过，表示与亡者隔离除邪，便可回家。安葬结束后，在家里神龛下的侧面放一张桌子，摆上死者的牌位和女婿送来的祭品，供奉100天。洗孝后，把牌位移到神龛上与老祖宗一起供奉。洗孝日，丧家要宴请宾客，以示丧期服孝已满，丧事才告结束。有的地方还需继续守孝三年，三年内仍戴孝帕，不办红喜事，贴红对联不能用红纸，只能用绿纸。

丧葬习俗的演变

通过在多数布依族地区调查发现，布依族给死者立碑的年代大多在清雍正年间，偶尔有更早一些的，乾隆、嘉庆以后才逐渐盛行。由此可见，布依族在丧葬方面习汉礼从汉俗也可能是从此时开始的。据清田雯《黔书》上说：布依族“犹用汉俗”，或谓布依族“皆习华风，读书应试……”（转引自《瓮安县志》），丧葬礼仪恐亦是从此开始从简变繁。现在的丧葬礼俗除保留一些自己的特点外，还加进了不少汉文化的元素，使这些礼俗反比汉族隆重和冗繁得多。有关布依族丧葬习俗，有史可稽的可以追溯到明代。据明郭子章《黔记·诸夷·仲家》记载：“丧，食尚鱼虾，而忌禽兽之肉，葬以伞盖基，期年而焚之，祭以枯鱼。”康熙《贵州通志·蛮僚》记载：“丧则屠牛召亲友……习阴阳家言，不上坟”，说明清初以前没有棺葬。乾隆年间安顺府属有“葬不用棺”。道光《安平县志》记：“而用火葬习俗，三年后，视尸朽烂，举火焚之，以瓦缸捡骨灰埋窖。”不用棺葬，不垒坟堆，故以前布依族祖先尸骨，都无所存。直到清代中叶才逐渐有坟茔、立碑等，明确了祖先的葬所，为后代子孙留下了扫墓的标记。例如罗甸县的高芝，新中国成立后因掘地，发现骨灰缸七八百个之多，平塘县的克度也发现不少。上述记载，说明了从火葬到棺葬、垒坟、立碑的演变过程。

丧葬祭祀——转场

第七章 丰富多彩的文学艺术及体育娱乐活动

布依族地区素有“诗乡歌海”的美誉，男女老幼都喜欢唱歌。曲调多样，地区之间各有不同。“八音坐唱”是布依族民间喜闻乐见的音乐演奏形式，因使用八种乐器演奏而得名，布依族的乐器可分管乐、弦乐和打击乐三类，其中，“勒尤”、“勒朗”、姊妹箫等是布依族独具特色的乐器。布依族铜鼓有着十分悠久的历史，既是乐器，也是庄严的法器。布依族舞蹈以生产劳动和民族习俗为题材，有织布舞、转场舞、矮人舞等。布依族民间传统体育项目和游戏活动大多来源于本民族的生产劳动、社会斗争和日常生活中，富有民族特色。

民间文学

布依族民间文学内容丰富，形式多样。按语言可分为母语文学和汉语文学。母语文学主要是口头创作的文学作品，汉语文学除了口头文学作品以外，还包括布依族作家用汉语文创作的文学作品。这里重点介绍布依族民间的口头文学，包括神话传说、故事、歌谣、寓言、童话和说唱文学。

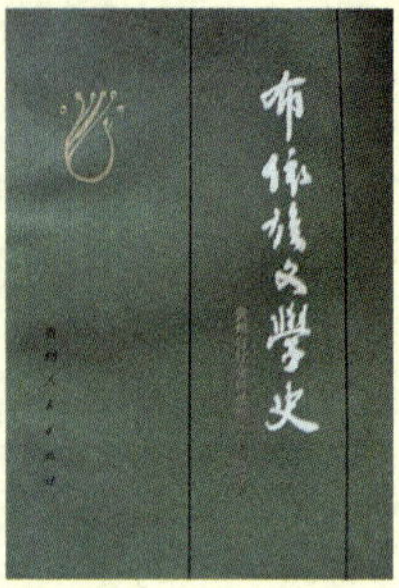

《布依族文学史》书影

神话传说

在布依族民间文学中，神话和传说可以进一步区分。布依族神话主要反映远古时代布依族先民对自然界的原始认识、与自然界的斗争和力图征服自然、支配自然的美好愿望。有关于开天辟地的《力嘎撑天》《阿祖犁土》，关于日月形成的《射太阳》《当万和蓉莲》，关于繁衍人烟的《洪水潮天》《兄妹成亲》和寻找谷种的《芒耶寻谷种》《王芒寻种》等作品。

《力嘎撑天》：

远古时代，天和地距离很近，只有三尺三寸高，人们生活极不方便。力大无穷的力嘎，决心撑开天地，为人们解除痛苦。在群众帮助下，他把天撑上万丈高，把地蹬下万丈深。天不稳当，他拔下自己的牙齿钉住，牙齿就变成了满天星斗；他又把自己的双眼挂在天上，就变成了太阳和月亮。在撑天劳动中，力嘎喘气变成风，挥汗变成雨，眨眼变成闪电，咳嗽变成雷鸣，头巾变成银河，汗衫变成云彩。后来，力嘎因撑天过度劳累而死，他的身体发肤，又变成了山川草木、飞禽走兽等世间万物。从此以后，人们才能自由行动，劳动生产，安居乐业。

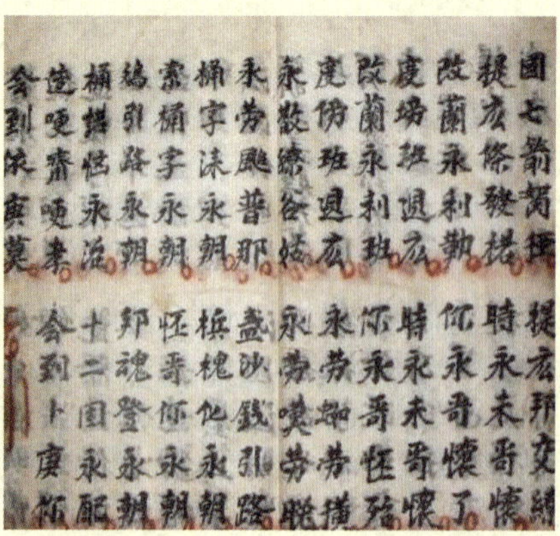

保存在文献古籍《摩经》中的布依族神话传说

这篇神话既说到开天辟地，也说到万物的形成，表现了布依族先民同大自然进行艰苦卓绝的斗争，同时反映了他们对天地日月、世间万物丰富的原始想象。情节生动，感人肺腑。

布依族传说是与一定的历史人物、历史事件和地方风物、民族习俗等有关的故事。如关于农民起义的《王岗的传说》《王仙姑的传说》；关于风景名胜的《花溪的传说》《黄果树瀑布的传说》《望谟女王山的传说》；关于民族习俗的《三月三的传说》《六月六的传说》《丢花包的来历》；关于民间乐器的《铜鼓的来历》《勒尤的来历》《姊妹箫的来历》《吹木叶的来历》；关于动植物的《狗为什么见不得猫》《牛为什么没有上牙》《茶叶的来历》等。

《黄果树瀑布的传说》：

一位聪明美丽、远近闻名的织布能手白妹，在逃避头人抢亲时，与恋人德脑用白布拦住追兵。突然，白布变成大河，隔断来路。白布越抖越长，大河也就越来越长。头人无奈，便用撮斗当船继续追赶。危急之际，白妹剪断白布，霎时天摇地动，河水就成了大瀑布，追兵们都冲进深潭淹死了。白妹、德脑躲过灾难，便在瀑布对面岩下安家。后来在犀牛和善良仙翁帮助下，又用神物黄果治服洪水，从此，人们便称该瀑布为黄果树瀑布，它下面的深潭就叫作犀牛潭。

这篇传说反映了布依族人民善良朴实、机智勇敢的形象，体现了他们热爱故乡、向往幸福的愿望。

故事

布依族民间故事非常丰富，有关于生产斗争方面的故事，有关于机智人物的故事，有惩恶扬善方面的故事，有关于爱情方面的故事，有关于红军长征经过布依族地区的故事等等。其中，机智人物“甲金的故事”数量最多，流传最广，影响最深，几乎家喻户晓，妇孺皆知。“甲金”是布依族机智人物的代表，他不畏强暴，机智勇敢，专与权贵作对，替人民群众打抱不平。

《甲金——布依族机智人物故事》书影

《聪明的长工》书影

《打蚊子》讲述的是这样一个故事：

有个土司，脾气很坏，十分霸道和凶狠，稍不顺心，就要打人骂人。人们恨他又怕他，就请聪明的甲金想办法给大家出出气。一天，赶“六月六”，土司带着家丁、随从到歌场来看热闹，突然甲金走到土司跟前，一边说着“打死你这个吸人血的家伙”，一边就用手打了土司两个耳光；土司被打，目瞪口呆，不知其所以然，就连忙命令家丁抓住甲金问罪。甲金毫不畏惧，推开家丁，伸开他有只死蚊子的手心对土司说：“苏大（布依语，土司老爷的意思），你手下这帮人都是些瞎子，连蚊子飞到你的脸上，损害你的威严他们都不管。”土司见甲金手心里果真有只死蚊子，自己又爱面子，只好吃哑巴亏，不得不训斥他那些随从简直是些憨包、笨蛋，而且还夸奖甲金一番。其实，那只死蚊子是甲金事前就准备好的，因而引起周围群众个个掩嘴而笑，无不感到大快人心。

《布依族民间故事集》书影

布依族爱情故事内容生动，情节曲折，有喜剧，也有悲剧。故事中往往是某富贵人家的千金小姐爱上某个诚实善良的后生，或是某个仙女或神灵与凡人结合。它反映了布依族人民诚挚而忠贞的爱情，对自由幸福的追求和向往，以及对封建婚姻制度的反抗。主要有《龙女》《螺丝姑娘》《查白场》《赶干洞》《鸭儿寨》《古相与阿秀》等。

《古相与阿秀》：

“财百万”家小姐阿秀爱上勤劳勇敢、忠厚老实的贫苦后生古相，经常偷偷和他上山去玩。两人感情日深，阿秀提出要与古相成亲。古相自思不是门当户对，不敢答应。但因阿秀再三要求，古相妈就请媒人到阿秀家说亲，被“财百万”恶言拒绝。阿秀坚决要与古相成亲，她爹无法，就故意提出许多难以做到的条件刁难古相。在阿秀暗地帮助下，这些苛刻的条件，古相都一一满足了，终于与阿秀成了亲。“财百万”不甘心，就派人把阿秀抢回。后来阿秀又想法与古相见了面。二人相商，最后离乡背井，逃往远方，寻求自由幸福的生活。

寓言和童话

寓言和童话在布依族民间文学作品中数量比较多，内容也比较丰富。其中寓言是一些带有劝谕或讽刺性的故事，布依族寓言多以动植物为题材，反映社会的各种现象。童话是以少年儿童为对象的短篇故事，它通过丰富的想象和夸张，塑造形象，反映生活，以幻想的情节，寓褒贬于其中，表达人们的爱憎，对儿童进行思想教育。寓言和童话的一个共同点是，主人翁大多为动物或植物。布依族寓言主要有《雄狮和小兔》《秧苗和稗子》《种树和乘凉》《一株梨树》等。有的讽刺骄傲、懒惰和嫉妒；有的戏弄不懂装懂、自作聪明；有的鞭挞嫌贫爱富、善恶不分等。其中《秧苗和稗子》寓言讽刺了那些损人利己、狂妄自大的人的下场。

稻田里绿油油的秧苗中，夹杂着一株稗子，它贪得无厌，日夜抢着吸收养料，长得又高又壮，比所有秧苗要高出一头。有个五谷不分的城里书呆子骑马路过，对“鹤立鸡群”的稗子大加赞赏，稗子非常得意，神气十足，不把秧苗放在眼里了。终于有一天，一个老农扛着锄头走来，一眼看见了稗子，二话没说，下田把稗子连根拔掉，扔到田边给牛吃了，并连声咒骂这可恨可恶的东西。这时，秧苗们前仰后合，哈哈大笑起来。

布依族童话多为一些拟人化的动物故事或人与动物的故事，内容有赞美团结精神的，有赞扬智慧和力量的，有反映善恶观念的等等，都有深刻的教育意义。例如《老变婆的故事》《聪明的梅花鹿》《老虎和青蛙》《猴子和蚂蚱》《猫找宝》等。《老变婆的故事》摘录如下：

一家母女三人，住深山老林。一天，母亲有要事到外婆家去，路远不能回来，嘱咐两个女孩儿晚上请上房的奶奶来陪住。天黑了，两个女孩儿怕出门，就在屋里喊上房的奶奶，由于声音小，上房的奶奶没有听见，反而被躲在屋后的老变婆听见了，就假装成上房的奶奶应声而来。老变婆怕暴露原形，假说眼睛有病，见不得灯光，叫两个小女孩儿把灯熄了先去睡觉，各睡一头，她要先烤烤火才睡。等两个小女孩儿都睡着了，老变婆就悄

知识链接 **老变婆** 布依族民间指一种伪装成老太婆来吃人的野兽。

悄去和小的女孩儿睡一头，半夜把小女孩儿掐死吃掉了。大女孩儿醒来发觉后，大吃一惊，就借故出门解手，拿着一把锋利的梭镖爬到柿子树上，设计用梭镖递柿子给老变婆吃，结果就使劲把凶恶的老变婆捅死了，为人民除了害，也为妹妹报了仇。

这个童话，生动地揭露了老变婆的凶残和伪善，赞扬了大女儿的机智和勇敢，同时也教育了儿童们要吸取故事中的教训，时刻警惕形形色色的“老变婆”。

歌谣

布依族地区素有“诗乡歌海”的美称。布依族人民喜欢唱歌，无论男女老少，几乎人人会唱。每逢婚丧嫁娶，起房建屋，逢年过节，走亲访友，或劳动休息，赶集途中，都可听到悠扬悦耳的歌声。特别是“三月三”“六月六”等民族节日，更是歌师歌手们对歌赛歌、大显身手的盛会，每每通宵达旦，一连数日，气氛热烈，蔚为壮观。因此，歌谣是布依族民间文学当中数量最多、内容最丰富的文学体裁，是布依族民间文学的重要组成部分。人们用唱歌来叙述历史，表达爱情，传承习俗，歌唱生活，控诉黑暗，赞颂光明，进行自我教育和娱乐活动。

做针线活的布依族妇女

布依族歌谣种类繁多，有古歌、叙述歌、风俗歌、诉苦歌、反抗歌、情歌、盘歌、儿歌、红军歌、新民歌等。其中情歌内容最为丰富，数量最多，又可分为“初识歌”“试探歌”“赞美歌”

“相会歌”“相爱歌”“定情歌”“起誓歌”“送别歌”“相思歌”等。例如“相爱歌”中唱道：

男：鱼儿离不开清水，
鸟儿离不开树林；
星星离不开月亮，
哥哥啊离不开妹妹。
女：六月离不开凉风，
冬天离不开炭火；
蜜蜂离不开香花，
妹妹啊离不开哥哥。

又如“相思歌”中唱道：

男：想妹想得睡不着，
眼泪汪汪流成河；
做活犹如鬼拉手，
走路好比鬼扯脚。
女：想哥想得心发急，
舂碓推磨眼泪滴；
阿妈问我哭哪样？
糠壳飞进眼睛里。

歌中运用生动贴切的比喻，反映青年男女亲密纯真的爱情；语言朴素，情真意切。

说唱文学

说唱文学是布依族近现代社会兴起的一种新的文学样式，其特点是歌唱与叙述相结合，有说有唱，以说为主，并常以月琴作伴奏。布依族说唱文学作品有人物、有故事，叙事与抒情紧密结合，韵散兼行，结构自由，生动活泼，大多是在民间故事和民歌的基础上产生和发展起来的。布依族说唱文学主要代表作有《广岜沙》《娘荷斑》和《英台姑娘和山伯相公》等。

《广岜沙》讲述一个布依族后生广岜沙和姑娘良嫩相爱。但良嫩小时候就已被其父许配给了财主家。良嫩的父亲逼她与广岜沙断绝交往。良嫩因此忧郁成疾，卧床不起。父亲竟不顾女儿死活，强迫病重的良嫩嫁到财主家去。广岜沙闻讯大吃一惊，约好伙伴准备在半路抢亲，救出良嫩。但由于良嫩过度悲伤，在迎亲花轿刚到门口时就吐血身亡了。广岜沙想为她举行超度仪式，但因不是“明媒正娶”夫妻，未能遂愿，只好在她的坟边搭起一个窝棚为她守了一年墓。第二年良嫩忌日，坟上突然长出一株烟草，被清风吹落在燃烧着的纸钱堆上，顿时升起一缕缕青烟，朦胧的烟雾中现出良嫩含笑的身影。广岜沙和良嫩在香雾中互相牵挽，渐渐升腾，随着青烟一直飘到无际彩霞之中。这篇作品结构严谨，唱和说相间有致，人物性格鲜明，既富有现实主义精神，也富于浪漫主义色彩。

《英台姑娘和山伯相公》取材于汉族梁祝故事，主题与原作相同，但其中一些生活习俗、思想观念却打上了布依族的烙印，可以说是布依、汉文化交流的产物。

“花灯说唱”曲目——《桥城新韵》

花灯说唱。据悉，“花灯说唱”是贵州黔南布依族苗族自治州布依族较有代表性的曲艺形式之一，说中带唱，唱中有说，配有音乐的数板及韵白，以二胡、南胡、琵琶等伴奏，表演中，灵活运用戏曲中的唱、做、念、舞的表演程式，同时选择采用了花灯歌舞身段，以各种不同的身段和花灯扇花、葳步来塑造剧中的不同人物，极富戏剧感染力。

除上述文学体裁以外，布依族民间文学作品中还有大量的谚语、谜语、笑话等等。

民间艺术

布依族是一个能歌善舞的民族。在劳动的时候，或者在劳动之余，在传统的喜庆节日，或者是在情人们幽会的月夜，到处都激荡着悠扬、淳朴的歌声和优美、活泼的舞姿。

黔中地区的布依族民歌演唱

民间歌唱艺术

布依族人民喜欢唱歌。民歌类型不同，演唱的方式也不同。唱叙事歌一般用咏唱方式，近于吟诵而稍带一点音乐节奏，一般称为“姑比”。山歌、对歌的曲调旋律都很优美，各地不尽相同，有的纯唱汉语山歌调，有的用本民族的歌调来唱汉语歌，有的山区则唱一般的四句歌，但调子不一样。各地民歌曲调不尽相同，同一地区的民歌，又因歌词内容、演唱场合和歌唱方式有所不同，也表现出不同的曲调。

黔西南一带因歌的结构和演唱场合不同，有大调和小调之分。大调音调较为开阔，音域也扩展到八度，因而开朗热情，带山歌风味。歌手常在高音和结尾使用假声唱法，别有一番情趣。小调音域一般只有五度，曲调稳重而沉静，多用于庄重的场合。

黔南一带因歌的结构和演唱场合不同，有大歌、小歌之别，大歌情调较为庄重，在人多的场合中演唱，歌曲结构较大较长，故称“大歌”；小歌情调柔和，多用于对唱形式的情歌，歌曲结构短小，故称“小歌”，是布依族民歌中具有多声部结构的两种歌唱形式。二者的区别在于，大歌有歌头和歌尾，小歌没有歌头，但需要一人领唱一小节、一个乐句或者一个乐段。小歌有时候有歌尾，但内容较为简单，一般以四句为完整的一首，短小精悍。大歌的歌唱内容一般四句或者六句为一首，小歌一般只有四句。

黔中贵阳一带又因歌唱的语言不同而分明歌调和土歌调两种。明歌用汉语演唱，按歌词内容又分“排歌”和“台歌”两类。土歌用布依语演唱，根据唱词的布依语声调行腔，词长音短，词短音少，歌腔多则三十余拍，少则十六七拍，视歌词多少伸缩，从不固定，多用于演唱传统的古歌。

知识链接 **好花红** 黔中及黔南部分地区的山歌调，乐形象，曲调简练，见物生情，生动活泼，感情真挚朴素，委婉动听，代表了这一带布依族人民的性格风貌，颇受人们喜爱。

此外，在镇宁、关岭、贞丰、龙安、独山、都匀，以及云南罗平一带、四川宁南一带，都有不同的布依族山歌曲调，各具特色，形成百花齐放、百家争鸣的景象。

▲ 勒尤声声

布依族乐器及其演奏

布依族民间乐器包括管乐、弦乐和打击乐三种。管乐主要有唢呐、箫、笛，以及布依族民间独有的勒尤、勒朗、勒拱、姊妹箫等。唢呐是布依族民间最常见也是最受欢迎的乐器，一般有大小两种型号，大号一般用于比较庄重的场合，比如丧葬活动，小号的唢呐则适用于各种场合。布依族唢呐调丰富多彩，不同的场合吹奏不同的唢呐调。同样是婚礼场合，不同的仪式也有不同的唢呐曲调。笛、箫等管乐很少用于独奏，主要用于“八音坐

布依族乐器——勒尤演奏 ▶

布依族八音坐唱

知识链接 **八音坐唱** “八音坐唱”又叫“布依八音”，演出队伍8~14人不等，所唱生、旦、净、丑诸戏曲，不化妆。因用牛腿骨、竹筒琴、直箫、月琴、三弦、芒锣、葫芦、短笛等8种乐器合奏而得名。

唱”，与其他乐器一起合奏。姊妹箫是一种簧管乐器，由两支长短粗细音高相同的竹制箫并列捆扎而成。长一尺多，吹口处用木块塞住一半，簧片用竹片制成，吹时震动发音，可以独奏，可以伴奏，其音悠扬柔和，娓娓动听。乐曲多表现男女爱情，多在夜间吹奏，曲调优美抒情，悠扬婉转，情意绵绵。另外，勒尤和勒朗也是布依族使用的双管类乐器，主要流行于黔西南望谟、册亨、贞丰一带，有木制和竹制两种。木制的称为“勒尤”，竹制的称为“勒朗”。勒拱又称“笔管”，是一种单簧吹管乐器，用当地特有的笔管竹削去青皮制成，音色洪亮低沉，具有民族特色。

布依族民间弦乐乐器主要有二胡和月琴，其中二胡最为普遍。布依族所用二胡一般都是自己加工制作的，外形结构比较简单，除琴弦外，大多就地取材。二胡可以独奏，演奏场合不定，其演奏的多是布依族民歌调。月琴也是布依族青年喜爱的乐器之一，但不是十分普遍，很少用于独奏，主要作为“八音”乐队的合奏乐器。

打击乐主要有铜鼓、牛皮鼓、锣（包括大锣和小锣）、钗、铙钹等。

铜鼓

铜鼓，布依族一种古老的打击乐器，通体用铜铸成，呈圆墩形，分为面、胸、腰、足、耳五部分。鼓面圆而平，下接鼓身，曲腰，中空，圆形敞口底，两侧有耳。鼓面主体多为太阳纹，周围为多层同心环带，由宽窄不等的图案组成，称“晕圈”。花纹装饰繁缛多彩，有的鼓身铸有鱼虫、鸟兽、花卉、舟船等图案。其形态典雅、庄重，具有独特的风格。过去，布依族村寨一般每村都有一面铜鼓，稍大一些的村寨甚至有好几面。在不同的布依族地区，有关铜鼓的习俗也不尽相同。在东部地区（黔南一带），铜鼓作为一种普通的乐器，可以在任何场合敲击，而在西部，铜鼓作为一种神圣的器物，平时保存在一位德高望重的长者家中，以红布包裹好，遇丧葬活动或重要的宗教仪式时，才能抬出来使用。铜鼓有固定的铜鼓调，贞丰龙场一带的“铜鼓十二”则是布依族著名的铜鼓曲调，已申报国家级非物质文化遗产。

布依族传统乐队

牛皮鼓、锣、钗（俗称“铰子”）既可用于喜庆的场合，也可用于庄严肃穆的仪式，没有固定的曲调，主要作为唢呐的配乐乐器。

民间舞蹈艺术

布依族糠包舞

布依族民间舞蹈都来自生活，主要以农耕民族的生产劳动和民族习俗为题材，大多都是集体舞。有织布舞、铜鼓刷把舞、砍刀舞、铙钹舞、转场舞、哑面舞、矮人舞、拢舞、刺锤舞、回旋舞、花包舞、龙舞、狮子舞等。以下重点介绍几种。

布依族姑娘在练习织布舞

织布舞 主要流行于黔南惠水、罗甸一带，以轻巧活泼的舞蹈动作，真实地描绘布依族姑娘从开荒、播种、采棉、抽纱、纺线到织成布匹的生产劳动过程。表演时，一人两手握着两根木棍，另一人站在棍上，两腿随着两根木棍此上彼下的动作屈伸，并弯腰用手在两根木棍中间左右穿梭。在舞蹈中，舞蹈者做的动作有种棉花、收棉花、纺纱、织布等，一边舞蹈，一边歌唱。其中，乐曲和歌词多采用民间流行的“种棉歌”。舞蹈采用生产劳动中的元素，体现了布依族妇女传统的织布技能，表现出她们终年不畏寒暑、辛勤劳动的形象。同时也从另一个侧面反映出她们善于在织布机上编织出各种花纹和色彩斑斓的土布和织锦来。

铜鼓刷把舞 主要流行于黔南独山、荔波一带，有的地方叫作“粑槽舞”。表演时以击铜鼓作为指挥和伴奏，演员手持刷把翩翩起舞，故称为“铜鼓刷把舞”，源于一种祭祖仪式。演员多由青年男女组成，多在春节、四月八、七月半等节日期间演出。表演时，约20个青年男女聚在一起，每人手持刷把，踏着铜鼓的节奏，热情愉快地随着鼓点的变化表演出不同的舞姿。“粑槽舞”的道具与铜鼓刷把舞略有不同，人数不限，男女各半，在晒谷场上表演。舞蹈者各持一根约1.5米长的竹竿，咚咚触地，交叉拍打碰竿，边走边跳。该舞蹈开始由两男对打，忽前忽后，忽左忽右，双脚腾空跳跃。随后，其他参加者逐渐增多，队形变成

布依族青少年跳竹竿舞

两行交叉，圆圈走动。在舞蹈的高潮时，舞蹈者更多，队形从两行变成四行，最后变成“满天星”。

转场舞 流行于贵州省盘县特区和黔西南一带布依族地区。源于古代祭祀，相传老人去世后，要请道士举行“转场”仪式，后来慢慢演变成“转场舞”。舞者多为男性，表演时演员身穿红黄颜色道袍，头戴花冠，分别手持一对大铜钹，边击边舞，有的地方还伴以铜鼓击节。洪亮的铜鼓声、钹声，具有强烈而鲜明的节奏，气氛十分热烈。舞蹈队形以大圆圈顺时针绕行为主，有低头、俯身、昂首、后转等多种舞姿，以一步一击间以单腿跳为基本步伐。参加人数不拘，少则十余人，多则数十人，甚至上百人，场面热烈、壮观。

矮人舞 流行于黔南荔波县喀斯特原始森林保护区境内洞塘乡和翁昂乡一带。舞蹈别出心裁地在演员肚皮上画上可爱动人的胖娃娃形象，并用大箩筐作为帽帕道具，套盖住脸部和胸部，然后利用腰肚肌肉收缩放开的表现力，造成人物表情丰富的变形。舞蹈动作主要表现在动肩、扭胯、撅臀、勾足四个方面，全舞分“喜舞稻草”“丰收赶场”“场坝比高”三个舞段，具有注重塑造人物、格调幽默诙谐、动作灵活风趣等特点。矮人舞是黔南布依族一种具有地方特色的民间舞蹈，多在节日和丰收喜庆时表演，为当地群众所喜闻乐见。

拢舞 丧葬仪式中驱散悲哀气氛的一种舞蹈。流行于黔南荔波一带。全舞分三段进行：第一段，全体人员站成几路，每路面对面站成两排，彼此先用竹竿咚咚冲着楼板撞两下，接着交叉撞击发出嘀嗒之声，如此循环往复，连成“咚咚嘀嗒！咚咚嘀嗒！”多重节奏，称为“拢飘”；第二段以一眼明手快的人为中心，数人或十几人围着他边打边转，势如推磨，中心人以手中竹竿挡住周围竹竿，精力集中，动作敏捷，称为“晃勒赛”，音节与上段相同，舞姿独具特色；第三段称为“占尤”，舞姿与第一段大致相同，但音节多变，节奏感强，铿锵有力。三段节奏以木鼓、铜鼓、腰鼓、钗、唢呐和之，合成一曲铿锵有力、轻松快活的乐韵，直至半夜鸡叫三遍，拢舞才在热烈的气氛中结束。

刺锤舞　又称“德莎呱”，是布依族的一种群体性舞蹈，流行于黔南独山县墨寨和荔波县凤阳一带。演员身裹树皮草叶，手持长有天然刺桠的杂木制成的刺锤兵器，以踏地呼喊为节奏，加之劈、抡、拨、戳、绞、扫、点等动作，并穿插马步、弹、踢、勾、铲等具有武术特点的舞蹈动作，形成一套独具风格的舞蹈。这种舞蹈融合了武术的精华及民间舞蹈动作，是一种适合表演的舞蹈技艺，充分表现出布依族驰骋沙场的英姿和不可战胜的威武气概。

花裙舞　布依族民间女子集体舞蹈，因表演时穿百褶（或长或短）花裙而得名。此舞流行于贵州惠水、长顺等地，每逢农历六月初六表演。表演时舞者围成一圈沿逆时针方向行走，双膝按节拍颤动，右手拉起裙角，面向圆心走三步，第四步转身向圈外走三步，再转身面向圆心，反复进行。如今由于当地布依族妇女已改裙为裤，这种舞蹈濒于失传。

民间体育及儿童游戏

布依族人民世代以农耕为业，传统的农耕方式有较强的季节性。过去，农忙时节，大家全身心投入农耕生产，秋收过后，除了一部分手艺人外出打零活谋生以外，其他大多数人则留在家中，一边料理小季，一边开展各种体育和娱乐活动，自娱自乐，逐步形成了一些具有民族特色的体育项目和娱乐方式。布依族民间传统体育项目和游戏活动大多来源于本民族的生产劳动、社会斗争和日常生活，富有民族特色。

体育活动

布依族民间传统体育项目有抛线球、荡秋千、赛陀螺、摔跤、踢毽子、铁链械等等。

拍线球 又称“打抛”，是布依族青少年最喜爱的体育项目之一。线球是用自纺的棉纱线缠成的一个比网球稍大一些的小圆团。先以一小团棉花做心，然后用没经过洗涤的废棉纱来回缠绕而成。也有用细棕绳缠绕在线球之上做成的，这样的球更富有弹性，在地板上一拍就可以蹦一两米高。布依族青年常用它来进行比赛，以达到锻炼身体和娱乐的目的。拍线球比赛有平拍、转拍、连拍等方式，可以分组对抗，也可以2人互拍，最后以拍得个数多者为胜。平拍即平手拍球，直到失手为止；转拍则先要使劲拍，使球蹦高，同时迅速转动身体一周，再拍球，然后不断循环，以拍得个数多者为胜；连拍就是小组成员连续更换拍球。转拍和连拍的难度都很大，需要有充沛的体力。

布依族青年男女在荡秋千

荡秋千 又称“玩秋”，是布依族最富有地方特色和民族特色的传统体育项目。主要有摆秋、转秋、滚秋三种方式。摆秋时，一般选择地面平坦、四周无障碍的地方悬挂2根吊绳，长度可依据地势的高度而定。吊绳用竹篾和糯谷草捶成，或用棕绳、牛皮条等制成。吊绳下端系上木板，或用稻草编织成一块坐垫，人在上面坐着或站着，利用惯性前后摆动，摆动幅度最大者获胜。转秋又叫磨秋，先用一根长约2米的原木竖埋入土中作为支柱，再用一根5米长的原木作为秋杆，正中打一圆孔，横架在支柱顶端，成丁字形。游戏时，男女各在一方骑着或坐着，利用脚蹬地的反作用力腾空旋转。滚秋也叫车秋，秋盘高约4米，体积较大，形似车轮，盘边的6根横木上各挂一个活动的座位。游戏时，6个人坐在盘上按同一方向旋转，不断用脚蹬地，使秋盘向上转动。盘上的人轮流上下滚动，上升时如仙女腾云驾雾，下降时如雪花飞舞，有时盘边还捆扎有十二朵大红花，随着秋盘的转动，形成一个耀眼夺目的大花环。玩秋的时间一般是春节，男女老少都能参加，不仅可以锻炼身体、增强体质，而且使人心情舒畅。

赛陀螺 俗称“打格螺”，流行于黔南和黔西南布依族地区，多在春节、端午和七月半等重大节日期间举行，也是学生课间一种普遍的娱乐方式。陀螺以质地较坚硬的青冈木为原料。做法比较简单，先将青冈锯成长约5—10厘米的圆柱形，再将一端削成圆锥即可。比赛时，用一条绳索缠住陀螺的圆柱部分，让圆锥尖端触地，再用力猛拉绳索，陀螺就会转动起来；然后用绳索不断抽打陀螺，使旋转的陀螺向对方的陀螺撞去，以撞后陀螺不转的一方为败家，如撞后双方的陀螺仍在旋转，则以先停者为败家。

赛陀螺

摔跤 也叫“摔抱腰”。在布依族地区广泛流行。每次2人对抗，分平腰、花腰两种形式。平腰，即甲方抱乙方的腰，乙方抱甲方的颈；花腰，即甲方右手跨过乙方肩膀，从乙方腋下伸出与左手扣紧，形成双手斜抱对方之势。准备动作完成后，裁判发令，双方就开始用力，摔倒对方者为胜。摔跤比赛不仅可以增强儿童的体质，还能培养他们机智勇敢、不屈不挠的斗争精神。

摔跤

踢毽子 布依族姑娘闲暇时最喜爱的一种娱乐活动和体育活动。毽子以布缝裹小铜钱为底座，上插一束鸡毛而成。也有临时用树叶捆扎而成的。踢法有盘踢、拐踢、蹦踢等；有单人赛、集体赛，以踢数最多者为胜。

铁链械 一种体育活动，流行于贵州省贵阳市花溪一带。“铁链械”是一种武术器械名称，由两根短木棍用绳索连接起来，并在木棍两头包上铁皮而成。它是由一种拍打谷物使之脱粒的农具“连枷”演变而来。“铁链械”表演时不受场地的限制，任何地方均可表演，人数不限，单人、双人、多人均可，表演时配以锣鼓，表演者随着鼓点变化，招式繁多，变化无穷，有“礼拜四方”“二郎担山”“牯牛抬头”“猛虎撅尾”“黄莺展翅”“黄龙缠腰”“鹞子翻身”等。击法则有抡、劈、摇、挑、扫等，令人眼花缭乱、目不暇接。

布依棒垒 俗称“打筒棍”，是黔南、黔西南布依族地区民间青少年儿童中广泛流传的一种休闲体育活动，具有较高的趣味性、竞争性及健身价值。由于它对场地、器材等要求不高，因此，深受农村青少年的喜爱。在“布依棒垒”活动中，击棒人要想获得好的成绩，必须处于半蹲姿势，蹬地、腰腹发力、挥动手臂击打短棒的中部，击出的短棒处于旋转状态，其飞行路线可变性强且具有无规则性。而接棒的队员通过对短棒的正确判断，正确跑动选位来接住短棒。由此可以看出，“布依棒垒”能够提高击棒队员大脑皮层神经过程的灵活性、发展手臂力量和全身的协调性；同时又能够发展接棒队员对事物的判断能力、快速移动能力以及克服对事物的惧怕心理能力。

除上述普通的传统体育项目以外，布依族民间还有一些传统的武术项目。布依族武术活动来源于古代保家护寨和抵御外来侵略的武装斗争，较大的布依族村寨均有武术班，经常聘请武术高手作为教练，寨里的青年人都要学武，以保护村寨。清中后期“南笼起义”失败后，清王朝下令禁止民间练武。新中国成立后，武术又成为布依族群众健身、娱乐的重要活动。布依族武术包括拳术、棍术、枪术、刀术、剑术等，较具特点的武术项目有“长凳术”“头帕术”“飞石术”等等。

游艺活动

布依族民间游艺活动老少皆宜，但大多数游艺活动主要在少年儿童当中开展。常见的游艺活动有蛇孵蛋、护小鸡、捉迷藏、跳圈圈、甩月亮、“分达丁”（俗称土电话）、甩花包、放火笼灯、母猪棋、草秆棋等等。

蛇孵蛋 布依族地区民间比较普遍的一种儿童游戏活动，这类娱乐不分时间地点，随处可以开展。做游戏时，由一人将一块石头当“蛇蛋”置于身下，然后守“蛋”，一旁的其他孩子向守“蛋”者发起攻击，夺那块石头，守“蛋”石者不能站起，只能蹲着四面转动，伸手去抓攻击的人，被捉住者则成为下一个守“蛋”者，如石块被人夺走，守“蛋”者将被罚继续蹲着守“蛋”。

猜金瓜 布依族地区一种喜闻乐见的儿童游戏，做游戏时，若干人并排坐在地上，伸出双脚，一人蹲在前面，一边唱猜金瓜：“猜金猜瓜，葫芦胡瓜，犊吉（牛）开叫，逗妹逗瓜……”一边按歌谣节拍点着每一只脚，点到谁的脚，谁就上前来，唱歌者到队列后去拿一石块在每人后面滚动，最后搁下，由前面一人猜“金瓜”（石块）在“哪家”（谁的身后），猜不中，继续将石滚动又猜，猜中了，猜者坐回队列，又由滚石者到前面唱歌数脚，如此循环往复。

跳圈圈 布依族地区儿童将体育锻炼和游戏融为一体的娱乐活动。游戏时，先由两人坐在地上，相对伸脚，从单脚板立起、双脚板接立、双人相对躬背、站立，逐步增加高度，每次增高，大家都从上面跳过一次，跳不过去者按先后站立在旁，直至最后一位跳不过了，才由先跳不过的两人坐在地上，架起脚让最后一位和原先坐在地上的那两位来跳。待站在一旁的人全都做过一次架脚后，才重新开始。

甩月亮 布依族地区儿童游戏活动之一。将碎瓦片或薄石板敲成圆形，作为“月亮”，游戏时，参加者拿出相等数量的“月亮”，码放整齐，每人手拿一块，在规定的距离内向“月亮”垛抛去，如抛中，凡滚下的“月亮”归抛者所有，如此循环，直到“月亮”垛上的全部“月亮”被击为止，以赢得“月亮”最多者为胜。

分达丁（俗称土电话） 布依族地区青年男女喜欢玩的一种游戏。将空竹节的一头蒙上蛇皮或硬笋壳，做成电话筒，用一根

布依族男女青年分达丁

上了蜡的棉线做成电话线，将两节电话筒连接起来，称为“达丁”。一对男女青年各拿一个电话筒，相距五六丈远，对着话筒向对方唱歌，称为“分达丁”。“分达丁”可以在兄弟姐妹之间进行，也可以在情侣之间进行。

丢花包 布依族男女青少年春节或“六月六”等隆重节日喜欢玩的一种游戏活动。“花包”形似绣球，以各色花布做面，内包米糠或豆类，布依语叫“牍冬”。游戏时，男女相距30米左右，各站成一排，将“花包”丢给对方，通常是姑娘或小伙抛给自己中意的人。如果是自己看中的姑娘抛来，小伙子接住后，在花包上拴上一张纸币或其他信物，抛还给姑娘，如姑娘有意，取下信物，小伙可托人去约相会时间和地点。如姑娘不如意，则不去接“花包”，或接着后抛给别人。

布依族丢花包游戏

放火笼灯 部分布依族地区正月十五耍龙的同时举行，由于耍龙在布依族地区并不是十分普遍，因此，放火笼灯这种娱乐活动也只在布依族村寨举行。放火笼灯的“笼”用竹子编成骨架，外面糊上一层白纸，顶部封闭，底部做成一个支架固定油灯，油灯点燃后不久，笼内因缺氧充满气体而产生浮力，使火笼灯升空。每次放十余个不等，各方亲友汇集在放火笼灯的村寨观灯，然后相邀到家中饮酒畅谈。

母猪棋 一种益智的棋类游戏。游戏时，在地上或石板上画上棋格，两人对弈。棋格有一格为主格，称为“猪窝”，一方有一块小石板称为母猪，12颗小石子称为猪仔。下棋规则类似跳棋，猪仔按规定线格互相进攻和防御，设法将对方猪仔拦到自己一方母猪的管辖范围内，将其捡来让母猪护住，将对方的猪仔全部捉住，即为胜者。

草秆棋 一种益智游戏，游戏时，在地上画棋格，以稻草秆为棋子，每次用12根，一根比一根短。下“草秆棋”有一定的规则，双方按规定线格来走，长秆吃短秆，最短的又吃最长的，最后草秆先被吃完者为败。

第八章 多元的入世宗教

布依族信仰多神，崇拜祖先，摩教是多数布依族地区普遍信仰的一种准人为宗教，它与多神信仰相结合，并融入了外来的道教和佛教的成分，贯穿布依族社会生活的方方面面，从日常的驱邪避灾到庄严肃穆的葬礼，摩教在其中都发挥着十分重要的作用。布依族的外来宗教主要有道教、佛教和天主教，历史上部分地区曾经信仰基督教。

布依族没有全民统一信仰的宗教，民间宗教信仰具有多元性的特征，多数地区信仰自然宗教，其形式主要有大自然崇拜、动植物崇拜、祖先崇拜、鬼魂崇拜、灵物崇拜、图腾崇拜等。摩教是在自然宗教基础上逐渐形成的一种宗教形态，是布依族的传统宗教和民族宗教，为大部分地区布依族所信仰。此外，在多数布依族地区，道教、佛教影响也比较突出，即使是在自然宗教和摩教中，也不乏儒释道的影响因素。19世纪中叶，西方天主教和基督教陆续传入布依族地区，现在，在一些布依族村寨，仍有一部分人还在信仰天主教。布依族宗教与布依族人民的社会生活和文化习俗密切相关，没有完全脱离世俗社会的宗教职业者，因此，布依族宗教是一种入世的宗教。

本民族传统宗教

自然宗教

布依族的自然宗教形式主要包括大自然崇拜、动植物崇拜、图腾崇拜、鬼魂崇拜和祖先崇拜、灵物崇拜和偶像崇拜等。

大自然及动植物崇拜 布依族世代生活在珠江水系上游南北盘江及红水河流域的深山峡谷中，长期与青山为伴，与绿水为

宁静的布依族村庄

▲

布依族的树崇拜

邻，依山傍水而居，以稻作农耕为主要的生计方式，从大自然中摄取维系生命所需的资源。在遥远的洪荒年代，由于科学技术不发达，人们认知能力有限，对大自然的规律缺乏科学的认识，将农业生产的丰收视为上天的赐予，自然界各种自然灾害被认为是神灵对人类的惩罚，因此，对自然界中各种奇异的事物都怀有崇拜的心理，长此以往，便形成了一种虔诚的信仰。布依族先民崇拜的自然物都是与自身生产生活密切相关的。例如，每个寨子都有寨神、山神、雷神、水神、雨神等等，甚至怪异的大石头也有神，凡遇到隆重的节日或有重大的事件发生，都要对各种神灵进行祭祀。此外，布依族先民还信仰牛、猪、狗、鸟等动物神灵。

图腾崇拜　布依族的图腾崇拜有蛇图腾崇拜、龙图腾崇拜、雷图腾崇拜、竹图腾崇拜等。

汉文史籍有“越为蛇种”的记载，表明布依族的远古先民古越人曾经信仰过蛇图腾。从布依族宗教经文中可以看到蛇图腾的遗迹。例如在用于赎谷魂仪式的《赎谷魂经》中，主人公“布香”（或“老姜”）之所以激怒天神降大雨成灾，就是因为他用蛇捆猪狗犁田，亵渎了图腾神。布依族中还有龙图腾、雷神（或北斗星）和竹图腾等印迹。

龙图腾也是布依族先民古越人的图腾崇拜形式之一。据有关专家研究，古越人的文身习俗就是为了使自己“像龙子”，从而受到图腾物——龙的保护。在布依族宗教经文《安王与祖王》中，安王的母亲是龙王的女儿。这无疑是龙图腾的反映。安王的父亲盘果王是雷神（或北斗星），则是雷图腾或某种天体图腾的反映。属雷图腾或天体图腾的盘果王（安王之父）与龙女（安王之母）的结合反映的是一种氏族外婚制。图腾物具有保护本民族成员的功能，所以当安王受到同父异母弟弟祖王迫害遇险时，分别向龙王和雷神呼救并且得到了救护。

竹图腾崇拜通过特定的与人生礼仪有关的宗教活动表现出来。这些仪式的内涵分别包括："人类诞生以竹保佑""人的灵魂从竹而生""独子以竹为伴""年老逝世随竹升天"等等。

鬼魂与祖先崇拜 布依族相信人死后会变成鬼魂，通过"殡王"（超度），鬼魂可以升入仙界，与祖先们居处一起。如果没有财力举行"殡王"，也须请布摩举行"开路"仪式，指引亡灵进入仙界的路径。否则，亡灵会因找不到归宿而成为四处游荡的野鬼，作祟于人。亲人的鬼魂有时也会返家，并出现于某一个家人的梦境。在这种情况下，如果不祭供祈求鬼魂返回其居留之所，就会使家人生病。

布依族祭祀树神

祖先崇拜是鬼魂崇拜的发展。早期的祖先崇拜对象主要为自己的血缘祖先。布依族每家都设有神龛以祭供祖先神灵，每年清明还要举行清扫、维修祖坟和为祖先挂纸等活动。原始氏族社会后期出现了对跨血缘的历史英雄人物的神化和崇拜，也是祖先崇拜的一种表现。例如，有的布依族地区对"德者王"的崇拜即是。

灵物崇拜与偶像崇拜 布依族的灵物崇拜，不论是自然物还是人工制造物，其灵性大多是布摩赋予的。例如，一匹茅草经布摩念咒后即可成为镇邪的"灵物"。农历正月逢辰日或新居落成庆典之日举行的请龙仪式上，布摩将两个鸡蛋埋入主人家房屋的中柱脚下，鸡蛋即成“灵物”，能使主人家五谷丰登、六畜兴旺，财源旺盛。老年人生病，布摩为其举行“改邦”（驱邪祈福）仪式时，用竹篾编一拱形竹桥，称“桥盖”，仪式结束后插于病人卧室床头上，有镇邪作用。也有的自然物的“灵性”来源于其依附的自然物的“神性”。例如，一块被奉为神灵的大石头，上面盈积的水通常被视作“灵物”，可以医治疾病。偶像崇拜的特点是崇拜对象被形象化了。一些表示动物或人的灵物勾画出五官，涂上色彩后即成为偶像。布依族一些村寨，在寨中一棵古树下建一小石房，石房中立一尊石像，称“鲍更嫡”，为村寨守护神。不过，总体看来，布依族宗教信仰中的偶像崇拜较少。

树旁的大树崇拜

摩教——布依族自然宗教的升华

摩教是一种在自然宗教基础上逐步形成的宗教形态，以布依族宗教职业者的称谓“布摩”而得名，是一种由多神教向一神教演变过程中的具备了雏形的一神教。

摩教有较专门的宗教职业者布摩，并开始形成最高神祇。布摩无论居处何地，属何教派，均尊奉报勒陀为开山祖师。在解释不同教派经典及仪式的差异时，布摩认为，先师报勒陀有12个弟子，所以经文（或仪式）不是开头相同就是结尾相同，差异不会太大。

知识链接 **报勒陀** 在布依族民间神话传说中，报勒陀是一位男性神，从神格来说他是一位智慧神，也是一位创造神，其原形可能是一位杰出的父系氏族或部落首领。摩教不仅尊其为教主而且赋予他更非凡的才能。在他那里，没有任何办不到的事，他能洞察宇宙万物的一切，是一位非凡的预言家，并能解决任何难题。

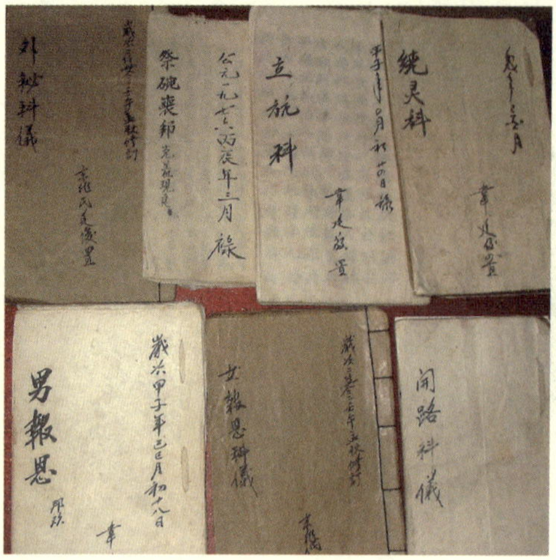

布依族摩经

摩教有自己的宗教经典——摩经，与自然宗教零散琐碎的经文相比，布依族摩教的经典更具系统性。摩经大致可分为《解邦经》和《殡王经》，前者指用于各种驱邪祈福禳灾仪式上吟诵的经文，也称“杂经”，后者主要用于丧事活动。

知识链接 《殡王经》卷帙浩繁，系统性强，经文均采用汉字记音或利用汉字偏旁部首按汉字“六书”造字法创造一些新字记录经文的办法，使其形成了成文经典。

摩教已形成比较固定和规范的宗教礼仪。例如，超度亡灵的“殡王”仪式活动，就需经过“请师”“祭棺”“开丧”“转场”（或“砍牛”）、“送仙”“嘱咐”等几个程序。每一个大的程序又往往包含着若干小程序。如“转场”（砍牛）仪式就包含“叫场”“转场”和“砍牛”三个小的程序。祈福、驱邪、禳灾等比较小型的仪式，也是规范化的。布摩相信，必须遵循代代沿袭下

宗教祭祀——改帮

布摩在举行日常祭祀活动

来的仪式程序、规范和禁忌，否则就达不到仪式所欲达到的目的。

此外，摩教初步形成了自己的基本教义。摩经认为布依族很多文化事象是报勒陀创设的。人之所以生病，是因为受某种鬼魅作祟，不同的病分别由不同的鬼魅作祟所致，需举行相应的仪式予以驱逐，病才会痊愈。人死后，通过“殡王”仪式，亡灵即可升入“拜”（即“佛”）和“仙”的境界。在阳世与冥世的交界处，有一“桥龙”（铜桥），在生时，善良者其灵魂踏上桥时越走越宽，而有偷窃等恶行的人其灵魂踏上去则桥面窄如刀口，不能进去，只能在桥的此岸做野鬼。凶死者的鬼魂被认为堕入了“游魂世界”。要举行“入交”，意为“赎头”或“招魂”仪式，将其灵魂赎（招）回“生魂世界”，升入仙界。仙界里有最高神“王代”以及“王绍”“安王”等众多神灵和许多“拜”和“仙”。亡灵在仙界可以娶仙女为妻，可以当管理者，也要耕田种地；但在那里可以长生不老，而且成天和“拜”“仙”相处，荣耀无比，其乐无穷。

可以看出，摩教已具备了一神教的雏形，同时，原始的多神教也还十分明显，主要表现在报勒陀虽有被尊为至上神的趋向，但众多的自然神仍处于游离和分散状态，未被真正纳入一个严密的神灵体系中。

外来宗教

布依族地区的外来宗教主要为佛教、道教、天主教和基督教。

佛教和道教

佛教起源于印度，从西汉时期开始传入中国内地，有汉传佛教、藏传佛教和南传上座部佛教三个分支。佛教大约于唐代传入贵州的北部和东部。明代，佛教在贵州得到较大规模的发展，佛教的一些观念开始对布依族社会生活产生影响，不过，布依族地区并没有将其作为一种独立的宗教来信仰，而是把它与本民族固有的宗教信仰有机地结合在一起，佛教的寺庙、佛塔等在布依族地区很少见。

道教是中国的本土宗教，产生于东汉末年，张角创立的太平道和张道陵创立的五斗米道是道教史上最早出现的两个主要派别，其中的五斗米道又称天师道，影响最大。道教传入布依族地区的时间与佛教大致相同，但对布依族社会产生的影响要比佛教更加深远，布依族摩教中不仅吸收了道教中的一些观念，而且在一些布依族地区，老人去世甚至也不用本民族布摩来主持“殡亡”仪式，而是请

布依族地区流传的佛教和道教经文

道士来举办道场、诵经，所有程序完全采用道教的礼仪。

佛、道二教与布依族摩教的有机嫁接

布依族摩教与道教差别很大，但摩教形成过程中吸取了道教文化的一些因素，加以改造后，形成了摩教的有机组成部分。摩教对道教因素的吸收首先表现在仙界和神仙观念上。摩教观念中，亡灵经过超度，可以进入极乐世界“旁仙”。“旁仙”直译是“神仙所居之地”，即仙界。布依语称“神仙”为 duezsianl，称“仙女”为 sianlnex，其中的 sianl 借自汉语词“仙”。布依族摩教中 sianl 的特点也与道教中的“仙”有相通之处。如《神仙传·彭祖传》说仙人“或食元气，或茹芝草”，而摩经则说进了仙界的亡灵“以花卉为食”，这正与道教观念中的“仙”相似。众多道教神灵如彭祖、太上老君、张天师、灵官、青龙、白虎、朱雀、玄武、八仙等等多次出现在布依族摩经中，这是摩教吸收道教文化因素的又一表现。此外，在册亨等地，从布摩对不同死亡者及死亡方式的称谓上也可看到道教的影响，如称老人死为“善化”，称被枪打死为“铁化”，被老虎咬死为“噬化”，落水死为“溺化”，战死为“阵化”，道士死为“羽化”等等。

布依族道教祭坛

知识链接 **羽化** 在汉族中意为成仙，取其变化飞升之意。《晋书·许迈传》：“偏（遍）游名山，后莫测所终，好道者谓之羽化。”后世称道教徒逝世为羽化。《书言故事·道教类》就说：“道士亡，曰羽化，曰仙化。”

宗教祭祀
——幡竿

摩教中的佛教文化因素，是历史上不同时期从汉传佛教中吸收的。在对亡灵所归的极乐世界的构想上，各地布依族摩教都认为人死后灵魂通过布摩超度，进入“旁拜”。“旁拜”直译即“佛界”。摩教将极乐世界称为“佛界”，可见与佛教的影响有关。之所以如是称之，是因为它与佛教构想中的极乐世界有相通之处。佛教所描绘的西方极乐世界尽善尽美、庄严奇妙，在这里，国土以黄金铺地，所用一切器具都是无量之宝、百千种香共同合成，到处莲花香洁，鸟鸣雅音。众生没有任何痛苦，享受着无限的欢乐。摩教中的“旁仙”“旁拜”虽没有这般富丽堂皇，但居住那里的亡灵已上升到上流社会，成为“报光”（少爷）、“亚囊”（小姐）。成天与仙、佛居住在一起，无忧无虑，长生不老。摩经中还有诸如“娑婆世界”“南赡部洲”之类的概念以及“十殿阎罗”“三宝”“救苦”等佛教的神灵。

天主教和基督教

天主教　清道光年间，天主教开始传入布依族地区。

早在明万历三年（1575），罗马教廷已把贵州划为天主教的传教范围。但该教正式传入贵州是清朝康熙三十九年或四十年（1700或1701），当时信奉者不多，影响不大。到了清道光二十六年（1846），信教者已达到1 200人之多，于是罗马教皇便在贵州设代牧区。道光二十七年至二十九年（1847—1849），几个外国传教士先后到布依族地区的兴义、贞丰、兴仁、安龙等县传教，

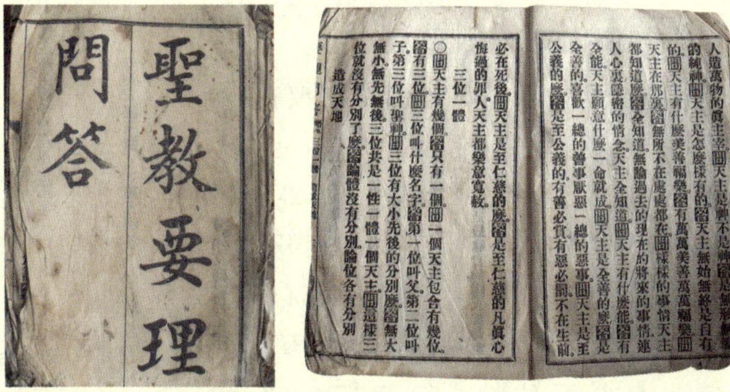

流传于布依族地区的天主教圣经

并购置田产，建立教堂。其后，又有一批传教士到桑郎、王母、者述、打言等布依族地区，采取威逼、利诱、欺诈等手段，强迫布依族群众信教。到1921年，包括布依族在内的贵州教友已增达约3万人，而外国传教士达50人之多。1922年，罗马教廷划“盘江八属”、罗甸和广西5个县为“安龙监牧区”，1927年升为正式牧区，1947年再升为“圣统治教区”。自此，主教就有更大的权力裁夺该地区的一切教务、行政、财务和外交了。安龙教区管辖设在贵州的各堂口，都是分布在布依族聚居区和杂居区。因此，信教的教徒基本上是布依族。

天主教教民中的神龛

贵阳的传教区域最大。清代的贵阳、安顺、都匀3个府所属的大部分是布依族地区，所以布依族信徒不少。在这个教区，镇宁县的信徒最多，且多是布依族，甚至有几个村全村人信教的情况。黄葛墅（黄果树）本堂区于光绪二十二年（1896）修建教堂，其后传教士四处传教，信教者迅速增多，也有五六个村全村人都入教。江龙本堂区于光绪二十五年（1899）建立教堂，信教较少，但多是布依族。独山总铎区也属贵阳教区管辖，信徒者达千余人，其中有不少是布依族。贵定县和惠水县布依族信教者也不少。

布依族群众信教后，生活习俗要按教规改变，如星期日是“守贞节”，不能干活，不许舂米，教徒不能与非教徒结婚，丧葬仪式也要改变，童贞院姑娘长大，婚事全由教士支配。

基督教 从清光绪三年（1877）开始，英国基督教中华内地会先后派传教士到贵州中西部和南部布依族聚居地区传教，兴建基督教教堂进行基督教宗教活动，民国十四年（1926）美国基督复临安息日会派传教士到贵阳、惠水传教。民国十九年（1930），英国伦敦内地会总会派遣任牧师（名不详）到安龙传播基督教。任携其妻儿先落脚于县城西关街罗氏家，逐步开展传教活动，发展教徒20余人。民国二十二年（1933），安龙福音堂成为英国基督教内地会的一个传教点。任回国后，英国内地会又派严慕生来安龙主持福音堂。严慕生先后到北乡、梨树等地传教，发展教徒数十人。后来，英国内地会又相继派遣丹麦人叶翠英和瑞士人康某两个女教士来安龙协助严传教。民国三十二年（1943），正式建立安龙县基督教内地会，严慕生任牧师，传教士2人，执事1人，除管理安龙教务外，还管辖广西钦州的传教活动，时有教徒120人。

民国二十八年（1939），美国、英国中华基督教会派遣传教士到贵阳、惠水、福泉等地传教。1941年至1948年，美国基督教中华传道会、基督徒聚会处（小群）、真耶稣教会、中国西南布道团、中华信义会等均派传教士到贵阳市的花溪、青岩、开阳、修文、绥阳、兴仁、息烽、贵定等地传教，兴建教堂进行基督教宗教活动。

由于忍受不了教会的欺骗、横蛮、剥削压迫和传教士的为非作歹，布依族人民曾多次举行反洋教斗争。其中规模较大的有光绪二十九年（1904）贵定县布依族领袖罗发先组织和领导的起义。起义军打起“反清灭洋”的大旗，捣毁了龙高犀头岩教堂和都匀洋学堂。后来，罗发先与其三子不幸相继阵亡，起义被清军镇压下去。此后，都匀、独山、三都等地也曾发生了反帝反洋教起义，但同样也被清军镇压。

天主教、基督教在布依族地区的传播虽然看起来范围比较广，但信教人口的相对数实际上是很小的。而这种带有强制性和企图完全取代布依族固有宗教的传播方式以及巨大的文化差异等原因，使天主教和基督教在布依族中难以深入人心，很难得到巩固和发展。随着外国宗教势力在中国的衰退，外国传教士在布依族地区取得的“阵地”逐步丧失。

第九章
布依族自治地方与主要民族乡

布依族主要分布在贵州省。过去提到贵州，给人们留下印象最深的莫过于“天无三日晴，地无三尺平”这两句反映贵州恶劣自然条件的民谚，但那已经成为永久的过去，今天人们再提起布依之乡贵州，更耳熟能详的是盛产黄金的“金州”黔西南布依族苗族自治州，全国十大名茶之一“都匀毛尖”的产地黔南布依族苗族自治州，以及黄果树瀑布、龙宫、双乳峰、茂兰卡斯特森林公园、千岛之湖“万峰湖”以及马岭河大峡谷等国内外知名的旅游胜地。

贵州省黔南和黔西南
布依族苗族自治州

华夏名茶都匀毛尖之乡——黔南布依族苗族自治州

黔南布依族苗族自治州位于贵州省中南部，东与黔东南州相连，南与广西壮族自治区毗邻，西与本省安顺市、黔西南州接壤，北靠省会贵阳市，是多民族聚居地。全州辖都匀、独山、荔波、三都、平塘、贵定、龙里、福泉、瓮安、长顺、惠水和罗甸等12县（市），面积26 197平方千米，分布有汉、布依、苗、水、壮、侗、毛南、仡佬等37个民族，据2010年第六次全国人口普查，全州常住人口3 231 161人，其中汉族人口为1 424 205人，占全州总人口的44.08%；各少数民族人口为1 806 956人，其中布依族占全州总人口的32%，布依族人口比例在50%以上的有独山61%、罗甸53%、荔波54%；比例在30%以上的县（市）有都匀41%、平塘40%、长顺35%、贵定34%、惠水34%。

黔南布依族苗族自治州成立于1956年8月8日，首府所在地为都匀市。黔南布依族苗族自治州自古以来就是少数民族先民居

茂兰国家级自然保护区

住的区域，据考证，早在殷、周时期，境内就已有了许多部族活动，并分属于牂牁、夜郎等方国。唐朝之后，中央政府加强了对少数民族的统治，唐宋元明时期在州境内设立了多个羁縻府、州、县、峒、卫、所。元代，黔南开始推行土司制度，境内分属于八番顺元等处宣慰都元帅府、都云定云安抚司、新天葛蛮安抚司、播州宣慰司和庆云南丹安抚司，至明代贵州建省前，黔南地域主要设置了卫所军事机构，黔南分属于贵州卫、龙里卫、平越卫、都云卫、新添卫、定番州、广顺州等。明弘治年间，部分土司统治地区改设府县，如都匀府、新贵县、贵定县和荔波县等。雍正四年，清政府在黔南境内强行大规模推行“改土归流”，废除土司世袭的安抚司、长官司等，而代之以流官统治，撤销了“卫所”等军事建制。民国三年（1914），将清代的府州厅县一律改称为县。新中国成立初期，成立独山专区，专员公署设于都匀县城，辖都匀、独山、平塘、罗甸、三都、荔波、麻江等12个县。之后，境内行政区设置曾多次发生变更。20世纪50年代中期，为充分体现党中央对少数民族社会、经济、文化全面发展的关注和重视，于1956年8月8日设立黔南布依族苗族自治州，将原都匀专区所属都匀、独山、荔波、平塘、三都，原兴义专区所属望谟、册亨、安龙、贞丰4县，原贵定专区所属罗甸、长顺、惠水3县及原属安顺专区的紫云、镇宁2县划入黔南布依族苗族自治州。辖14县。1965年将安龙、贞丰、册亨、望谟4县划归兴义专区；紫云县划归安顺专区。黔南布依族苗族自治州辖11县、1个自治县。

目前，黔南布依族苗族自治州辖9个县、1个自治县和两个县级市。

都匀毛尖系中国十大名茶之一，是黔南布依族苗族自治州著名的地方特产。1956年，由毛泽东主席亲笔命名，又名“白毛尖”“细毛尖”“鱼钩茶”“雀舌茶”，是贵州三大名茶之一。外形条索紧结纤细卷曲、披毫，色绿翠。香清高，味鲜浓，叶底嫩绿匀整明亮。产于贵州都匀市。都匀毛尖味道好，还具有生津解渴、清心明目、提神醒脑、去腻消食、抑制动脉粥样硬化、降脂减肥以及防癌、防治坏血病和防御放射性元素等多种功效与作用。

州境内布依族最主要的民族传统节日有“三月三”“四月

八”和“六月六”歌节，其中惠水一带的“六月六”歌节久负盛名，“好花红”调是当地布依族最有名的民歌调。流行于黔南荔波、独山和三都周覃一带的大歌和小歌，是布依族民歌中具有多声部结构的两种歌唱形式。

州境内最主要的旅游景点有著名的荔波漳江风景区和贵州茂兰国家级自然保护区。荔波樟江风景名胜区位于贵州省南端的荔波县境内，毗邻广西环江、南丹县。处在桂林——贵阳——昆明的三角旅游空白区内。风景区总面积273.1平方千米，由小七孔景区、大七孔景区、水春河景区和樟江风光带组成。贵州茂兰自然保护区位于荔波县南部，与广西壮族自治区接壤，毗邻广西木伦国家级自然保护区。茂兰保护区为森林生态系统类型自然保护区，主要保护对象为中亚热带喀斯特森林生态系统和珍稀濒危野生动植物。

中国金州——黔西南布依族苗族自治州

黔西南布依族苗族自治州位于贵州省西南部，素有“西南屏障”和“滇黔锁钥”之称。地处黔、滇、桂三省区的结合部，珠江水系上游和南昆铁路中段，地势西高东低，北高南低。面积16 804平方千米，辖7个县，1个县级市和1个工业新区。据2010

知识链接

马岭河峡谷 位于黔西南州首府兴义市东14千米处，国家级风景区，以雄、奇、险、秀为其特色。马岭河又称清水河，发源于乌蒙山脉，流入南盘江，在兴义境内河谷长约80千米。沿河前行，即可看到马岭河犹如一条银线，把10多个景点连串起来，好比一串瑰丽的珍珠，仿佛一条神奇的天然画廊。

贞丰双乳峰 位于贞丰县城东北12千米处，县城到者相镇的公路干线上的两座小山。占地40公顷，海拔1 265.8米，相对高度261.8 多米。酷似一对栩栩如生、形象逼真、风韵圆润的双乳。更为出奇的是，从不同的角度观看，是不同年龄阶段的双乳形状。双乳峰下有连绵的肥田沃土，有呈玉带状的三岔河水浇灌，养育了这一方的百姓，繁衍了这一方的后代，使双乳峰下的布依风情更具有神秘色彩。被称为“天下奇观”、“地质绝品”，“养精养气养天地，哺云哺雾哺日月”，这副双乳峰下的名联，成为南来北往的游人最深的记忆。当地的布依族人都一直把它当作“大地母亲”和“生命之源”来崇拜。

年第六次人口普查统计，全州常住人口为2 805 857人，其中，汉族人口为1 691 962人，占60.3%，各少数民族人口为1 113 895人，占39.7%。州境内分布有布依、苗、汉、瑶、仡佬、回等35个民族，其中，布依族人口占全州总人口的30%，州内各县均有分布，人口比例在50%以上的有册亨73.4%、望谟64%，人口比例在30%以上的有贞丰39.1%、安龙35%。册亨被誉为“中华布依第一县”，望谟县则是布依族现行文字的标准音点和布依语培训基地。

▲ 望谟县喜毫的粮仓群

远古时期，黔西南这片土地上人烟稀少，属荒蛮之地，史籍称为“鬼方”。春秋、战国至两晋，先后有牂牁国、夜郎国以及中央政权设立的牂牁郡、夜郎县、夜郎郡、兴古郡等。南北朝时期，彝族势力东扩，先后为东爨、乌蛮所辖。唐至元代，中央王朝对少数民族地区实施羁縻政策，黔西南地区先后设有西平州、盘州、泗城州、普安部、安隆州等，地方事务由土司负责管理。明代沿袭唐代以来的土司制，设有普安卫、普安府、泗城州等，清代中期以后，实行"改土归流"，将原属广西泗城府管辖的南盘江以北地区划入贵州，隶属永丰州。

民国初期，黔西南地区先后隶属贵西道、第三行政督察区等。

新中国成立以后，目前黔西南州所属各县先后分别归属兴仁专署、兴义专署（后来的兴义地区），1965年1月13日，经国务院批准，分别成立贞丰、望谟、安龙3个布依族苗族自治县和册亨布依族自治县。1981年9月21日，经国务院批准，撤销兴义地区，设立黔西南布依族苗族自治州，同时撤销贞丰、望谟、安龙、册亨4个自治县，1982年5月1日，黔西南布依族苗族自治州人民政府正式成立，州府驻兴义县城。截至2012年，全州辖1市、7县、1区，即兴义市、兴仁县、安龙县、贞丰县、普安县、晴隆县、册亨县、望谟县和义龙新区。

黔西南州已发现矿藏41种，占全省发现矿种的一半，正式提交储委批准有开发价值的有21种。已探明的地下矿藏有煤、金、

双乳峰

锑、铊铝、石膏、白云石、钼、冰洲石、水晶、硅石、钴、高岭土等。其中煤炭资源是“西南煤海”的重要组成部分，已探明储量75.28亿吨，远景储量190多亿吨，名列全省第三位，煤炭多数发热量为7 000~8 000大卡/千克，主要分布在普安、兴仁、贞丰、安龙、晴隆、兴义等地，可采量39.8亿吨，2011年产煤矿1 989万吨。金矿资源已探明的特大型矿床1处、大型矿床4处、中型矿床1处、小型矿床4处及矿点、矿化点数十处，保有储量占贵州省的90%以上，已探明的地质储量约500金属吨，远景储量1 000吨以上，被中国黄金协会命名为“中国金州”。

马岭河峡谷

州境内各县布依族主要的民族传统节日有“三月三”和“六月六”，均已申报为国家非物质文化遗产。此外，被誉为中国布依族情人节的“查白歌节”享誉黔滇桂毗邻地区，2006年也被国家列入第一批非物质文化遗产保护名录。布依族“八音坐唱”又名“布依八音”，是黔西南以及安顺市的镇宁、关岭一带布依族世代相传的一种民间曲艺说唱形式，已成为当地旅游文化中一个必不可少的项目。

境内主要的风景名胜有兴义马岭河峡谷、万峰林、万峰湖、贞丰双乳峰、盘江大峡谷、安龙招堤以及十里荷塘等等。

贵州省安顺市所属的三个自治县

镇宁布依族苗族自治县

镇宁布依族苗族自治县位于贵州省西南部珠江水系与长江水系分水岭，隶属安顺市。地理位置处东经105°35′至106°1′，北纬25°25′至26°11′。东与安顺市西秀区、紫云苗族布依族自治县相邻，南濒北盘江与黔西南布依族苗族自治州望谟、贞丰两县隔江相望，西同关岭布依族苗族自治县接壤，北与普定县、六枝特区毗邻。县人民政府所在地镇宁。全县土地面积1 713.3平方千米，总人口386 264人（2013年）。县境内长期居住着汉族、布依族、苗族、仡佬族等23个民族。辖4个镇、12个乡、4个社区、2个居委会、365个行政村，1 750个村（居）民组。布依族占全县总人口的42%，在县境内各乡镇均有分布，其中比例较高的有简嘎、扁担山、六马、良田等乡镇。

“镇宁”之名始于元代。元至正十一年（1351），隶属于云南普定路和宏州，是年九月，改和宏州为镇宁州，仍属云南布政司的普定路所辖，至1385年起改隶四川布政司。明清两朝实行屯军，增设卫所，明洪武二十三年（1390）建卫制于纳吉堡（今镇宁县城），命名为安庄卫，是年改隶贵州布政司。明嘉靖十一年（1532）知州张邦洙徙镇宁州治所于安庄卫城，州卫同城。清康熙十年（1671）裁安庄卫并入镇宁州，隶安顺府。明清两代镇宁一直是州卫治所驻地。民国三年（1914）改镇宁州为镇宁县，1949年镇宁解放以后，成立县人民政府，隶属于安顺专署。1956年，划入黔南布依族苗族自治州管辖。1958年，复归安顺行署（今安顺市前身）管辖至今。

镇宁境内的黄果树瀑布，是中国最大的瀑布，也是世界上著名的大瀑布之一。

县境内的布依族主要的民族传统节日为“六月六”，有过

黄果树瀑布 ▶

知识链接 **黄果树瀑布** 位于贵州省镇宁、关岭两个布依族苗族自治县交界处，是中国最大的瀑布，也是世界上著名的大瀑布之一。瀑布高67米，宽81米，夏季洪峰时流量每秒可达2 000立方米。巨大的瀑流从悬崖绝壁上直泻犀牛潭中，水珠飞溅有200多米高，夜晚，水雾弥漫，漂洒在右侧的黄果树街市上，人称“夜雨洒金街”。不同时间、不同季节观瀑，有如银幕换景，千变万化，各具特色，美不胜收。瀑布中间，拦腰有一长达100多米的天然洞穴“水帘洞”，高出犀牛潭40多米，由5座洞厅、6个洞窗、3股洞泉、6段通道组成。人们贴着大瀑布的腰身横穿而过，透过水帘，可以饱览各种色彩迷人的景物。

“小年”之称。

丧葬活动转场仪式上的布依族妇女

铜鼓是当地布依族最古老最珍贵的乐器之一，2006年被文化部列为首批国家级非物质文化遗产保护名录。布依族铜鼓十二调源于古代，流传在扁担山乡、丁旗镇、大山乡、城关镇、六马乡、沙子乡、良田乡、募役乡等布依族聚居区，由“喜鹊调”“散花调”“祭鼓调”“祭祖调”“三六九调”“祭祀调”“喜庆调”等组成，是在庆典、祭祖、祭祀等仪式中表达布依族特性的民族音乐。

关岭布依族苗族自治县

关岭布依族苗族自治县位于贵州省中部，隶属安顺市，坐落于云贵高原东部脊状斜坡南侧向广西丘陵倾斜的斜坡地带。东北、西北与镇宁自治县、六枝特区毗邻，西南以北盘江为界和黔西南州的晴隆、兴仁、贞丰三县相望。总面积1 468平方千米，全县总人口323 092人（2013年），其中少数民族人口197 571人，占全县总人口的61.1%。居住有布依、苗、汉、仡佬、彝等22个民族。布依族分布在县境的各个乡镇。

关岭县因其境内的关索岭得名。相传三国蜀丞相诸葛亮南

花江大峡谷

征，部将关索曾驻此地，广得民心，上人感之，遂称此岭为关索岭。明代置关索岭守御千户所，清顺治十八年（1661）改置永宁州，民国三年（1914）设关岭县。新中国成立后，沿袭民国旧制，至1958年并入镇宁县，1961年复置关岭县，1981年改关岭布依族苗族自治县。截至2013年，关岭布依族苗族自治县共辖2街道8镇3乡。

县境布依族的主要民族传统节日有“三月三”“六月六”等，布依族的织锦、蜡染、挑花等民间工艺久负盛名，民间乐器有唢呐、勒尤、姊妹箫、牛角二胡、月琴等。位于县境东北的“红岩天书”至今仍是一个未解之谜。中国第一高桥——坝陵河大桥使县城与黄果树景区之间的距离缩短了若干倍，同时也成了一个有名的景点，被誉为地球裂缝的花江大峡谷，从北向南贯穿全境。

紫云苗族布依族自治县

紫云苗族布依族自治县位于贵州省西南部，隶属安顺市管辖，地处东经105°55′-106°29′，北纬25°21′-26°3′。县境东临长顺、罗甸两县，南与望谟县交界，西北与镇宁县接壤，北靠西秀区。全县辖5镇7乡，距省会贵阳市161千米，南北长76千米，东西长52千米。总面积2 284平方千米。总人口373 130人。县境分布有汉、苗、布依、瑶、仡佬等民族，少数民族人口占全县总人口的55.55%，其中布依族占全县总人口的23.67%。

紫云战国时属夜郎国，唐朝时在此地置降昆县，宋朝时为和武州，元朝时于今县境火花罗黎寨置和弘州，明洪武十年（1377）置康佐长官司，隶安顺州，清雍正八年（1730）于今县城置归化厅，民国二年（1913）改归化厅为紫云县。解放初期袭民国旧制，隶属安顺专区，1956年—1957年，划归黔南布依族苗族自治州管辖，1958—1960年，撤销紫云县，将县城北部划归长顺县，南部划归望谟县，1961年，恢复紫云县建置，1966年2月，建立紫云苗族布依族自治县。2012年，紫云苗族布依族自治县辖5个镇、7个乡、223个村、6个社区、1 999个自然村。

紫云掠影

县境布依族村寨多依山傍水，坐落于平坝河谷，地势平坦，溪流交错，土地肥沃，物产丰富。县内几个主要产米区：火烘、牛场坡、洛河等都是布依族聚居地，号称紫云米粮仓。布依族主要传统节日有“六月六”“三月三”“四月八”等，其中“六月六”最为隆重。

布依族蜡染久负盛名。早在宋代，就有布依族制作蜡染的相关记载。清代史书上所说的“青龙布”就是蜡染布。蜡染布多作妇女头巾、衣裙、围腰、被面、门帘、窗帘之用。有些工艺水平较高，图案非常新奇精美的，也被当作艺术壁挂来装饰居室客厅及宾馆饭店。布依族妇女还在蜡染衣裙上再加刺绣更加风采迷人。

第十章
布依族名人

在漫漫历史长河中，布依族曾经涌现出很多杰出的人物，他们有的为了本民族的利益，带领布依族人民与强权抗争，有的从各自的领域，为本民族文化，甚至为国家做出了不可磨灭的贡献。但由于没有本民族文献，大多数历史上的杰出人物随着时间的推移渐渐淡出了历史舞台，未能留在人们的记忆中。这里，我们借助汉文史籍的记载，将布依族历史上一部分杰出人物介绍给读者，他们中有的是历史上农民起义的领袖，有的是名留青史的文化名人，有的是近现代在布依族社会有较高威望和影响的政治人物。

古代布依族农民起义领袖

布依族人民热爱自由，富于革命斗争精神。千百年来，他们为争取民族生存和发展，英勇地反抗统治阶级的残酷压迫，为推动社会发展做出了很大的贡献，写下了一页页光辉的篇章。在布依族历史上，曾涌现出一大批英雄人物，他们不畏强权，率领布依族地区各族人民，英勇反抗封建王朝的压迫和统治，不屈不挠进行抗暴斗争，虽然由于种种历史原因，每次斗争都以失败告终，但每次的斗争都唤醒了更多的人民群众，给反动统治予以有力的打击，他们的事迹得到人们的尊重和传颂。

布依族的巾帼英雄——王阿崇

王阿崇，号囊仙，清乾隆四十二年（1777）出生于贵州省南笼府（即今安龙县）北乡洞洒寨一个贫农的家庭里，父母都是当地布依族。她自幼习武，性格豪爽，少年拜巫行医，民间称她为“仙姑”。王阿崇从小饱受地主、官吏的压迫和歧视，于是，她在自己的家乡，以做巫行医为掩护，利用“过阴”（布依族的一种宗教活动）的机会，向广大贫苦农民宣传打倒地主和官吏，奋起造反的道理。

王囊仙铜像

乾隆末年，为了镇压湘西、黔东北的苗民大起义，朝廷四处征兵，激起了农民的反抗，又遭到官府的弹压，南笼府当丈一带反抗征兵的布依族农民20多人被抓，王阿崇、韦朝元号召当地群众拿起斧头、大刀，砸烂监狱，放出被抓的农民20余人。嘉庆二年（1797）正月初五晚上，当地布依族农民在王阿崇等人的率领下举行武装起义，王阿崇被大家公推为首领，号称“皇仙娘娘”，年号仙大，以洞洒寨为京城建立农民革命政府。起义军迅速发展到数千人，将南笼府城围得水泄不通。义军在王阿崇、韦朝元的率领下，英勇作战，势不可挡，先后攻克册亨、永丰（今贞丰）、永宁（今关岭）、黄草坝（今兴仁）、普安、罗斛（今罗甸）及广顺州之坝场等县地，省城贵阳危在旦夕。从正月初五揭竿起义至三月，义军连连攻克贵州西部和南部数十个县城，直逼贵阳，官吏们惊恐，省城戒严，至此义军席卷了贵州南部和西部。

清廷极为震撼，急派云南、两广和贵州当地地主武装对义军进行围剿，义军腹背受敌。清军还从政治上采取“以仲（布依族）制仲”的恶毒手段，利用地方参与围剿各乡起义农民，“又简任郡人，以分化义军”，并收买归顺的叛徒王登荣、王天鉴等，使之死心塌地地为清军效劳。嘉庆二年（1797）七月，湘黔苗民起义失败，清廷聚集兵力，围剿南笼义军。形势对义军不利，王阿崇被迫缩小战线，退守洞洒、当丈一带。同年八月十四日晚，清军以强大兵力突袭洞洒、当丈，王阿崇奋勇当先，指挥义军，一度将清军团团包围，清军主将阵亡，统帅勒保几乎被擒，大败而归。但是义军胜利后放松警惕，当夜遭官军偷袭，义军仓皇迎战，结果王阿崇等义军领袖被官兵所擒押往北京，英勇就义，起义以失败而告终。

王阿崇所领导的南笼布依族起义虽然失败了，但是她那忠于农民和民族利益的精神以及不怕牺牲的英雄形象，一直留在布依族人民的心中。当地布依族人民至今仍流传着许多歌颂王阿崇的故事传说，甚至把她加以神化。新中国成立后，布依族人民还把她的雕像安放在安龙县城内和洞洒寨上，充分反映了人民群众对她的怀念和崇敬。

南笼起义的领导者——韦朝元

韦朝元，布依族，男，又名韦德明，小名阿成，号七绺须，南笼起义的领导者之一。生于乾隆三十三年（1768），贵州省南笼府安龙县北乡当丈寨人，家庭出身贫寒。韦朝元素习拳术，通巫医，常免费为人治病，在群众中享有很高的威信，人们均尊称他为“韦大先生”；加之曾远游湖湘，见多识广，故布依族农民群众都很拥护他。

乾隆末年，湘西、黔东北爆发了苗民大起义，南笼地方官府奉命征调布依族青年人入伍，激起反抗，官府派官兵进行镇压，将反抗的农民抓进监牢。韦朝元打抱不平，成功组织劫狱。之后，他深知清廷不会善罢甘休，与其坐以待毙，不如先发制人，一举打倒土官、流官的统治，建立农民革命政权。于是，一场酝酿已久的农民革命运动，在王阿崇和韦朝元的组织领导下，终于在嘉庆二年（1797）正月初五晚上爆发了。

起义后，韦朝元等推举王阿崇为首领，号称“皇仙娘娘”；韦朝元自任大王玉帝仙官；韦朝元的大徒弟王抱良、王抱羊、李阿六分别担任丞相、副丞相、总兵元帅等等。

在韦朝元的指挥下，起义军先后攻克册亨、永丰、黄草坝、普安、定番、捧鲊、罗斛、归化及广顺州之坝场等县地，省城贵阳岌岌可危。

湘西黔东北的苗民起义失败后，清廷便于嘉庆二年（1797）七月把重兵调到黔西南来镇压南笼起义。这时，南笼起义一方面由于众寡悬殊，势孤力薄；另一方面也由于韦朝元被胜利冲昏了头脑，存在麻痹大意思想，对王阿崇也不太尊重，各自为政，形成了两个中心，政令、指挥均不统一，在战略战术上又犯了“负坚死守”的错误，因此，八月十四日晚遭到清军袭击。十一月七日，牺牲于北京，时年仅29岁。

韦朝元同其他农民革命领袖一样，由于阶级和历史的局限性，曾经犯下了这样那样的错误；但是，他那种忠于农民和民族利益的精神及英勇奋战的英雄业绩，是值得人们永远怀念的。

高举“覆清灭洋”旗号的布依族农民起义领袖——罗发先

罗发先，字隥海，外号罗大公，贵州省贵定县木马兰龙（今贵定县昌明镇）人，布依族。生于道光二十八年（1848），家境甚是富裕。他从小就爱读《三国演义》《水浒传》《精忠说岳传》和林则徐、太平天国起义的故事，深受前人英雄事迹及爱国爱民思想的影响，对历史上的英雄人物十分崇敬，尤其尊崇岳飞。

罗发先成长的晚清时期，中央王朝腐败无能，清廷的统治摇摇欲坠，国外宗教势力大肆渗透。布依族聚居的地区，早在19世纪中期，就有法国天主教传教士入村传教，而贪腐的地方官吏对外慑于洋人的淫威，对传教士卑躬屈膝，对内则大肆搜刮、欺压老百姓，布依族人民生活在水深火热之中。罗发先亲眼看到法国传教士深入到云雾山区，与当地官吏、地主、豪绅勾结，霸占布依族人民的田地、山林和矿藏资源，调戏甚至奸污布依族妇女。他把这一切看在眼里，逐渐形成了反对洋教、抵制洋教思想。而官府的腐败、残暴和无能又使他渐渐觉醒，决心与官府抗争。光绪三十一年（1905）春节期间，他利用走亲访友的机会，与密友罗远光（贵定云雾尧上人，布依族）等密谋举行武装起义，并立即着手发动群众。由于罗发先为人豪爽、正直，敢于反抗教堂和官府的敲诈勒索，为乡亲们打抱不平，因而在群众中享有很高的威望，在附近各村寨也有很大的号召力。人们都愿意听从他的指挥。因此他的号召很快就得到了乡亲们的响应，人们纷纷筹措粮饷和武器，做好了一切准备。

同年九月初一，罗发先在木马山头集合队伍，杀牛祭旗，提出“覆清灭洋”的口号，宣布武装起义。起义后，罗发先亲自率领队伍攻打清军和平伐天主教教堂，捣毁江北犀头岩圣母堂，抄了传教士的家，进攻都六团地主武装，直捣贵定县县城，声势浩大。

九月二十八日，贵州省地方当局闻讯大为震惊，急派统军岑毓清、包庆和率清军连夜赶到翁树河，趁义军不备，于凌晨向义军开炮。在清军的猛力攻击下，起义军处境万分危急。罗发先在这次的战斗中，身先士卒，拿起武器进行抵抗，直到最后牺牲，时年58岁。余军在其子罗朝安、罗朝印的率领下，突围后加入都匀内外套地区的农民起义军吴人杰（又名吴朝俊）所部，继续进行斗争。

罗发先牺牲后，葬于贵定县城南60千米的昌明镇摆龙寨。宣统二年（1910），当地群众为其竖立了一块高1.5米、宽0.8米的墓碑。碑上阴刻序文，叙述罗发先的身世及其起义过程。这充分表明了当地布依族人民对罗发先的怀念和敬仰。

古代布依族文化名人——莫氏三杰

莫与俦及其子莫友芝、莫庭芝是晚清布依族著名学者，他们学识渊博，教泽广远，廉政爱民，人称“莫氏三杰”。他们不图功名利禄，不随世俗沉浮，勤奋治学，才华出众，矢志开启民智，致力于桑梓教育及学术研究，为发展贵州文化，立下不朽功勋，因而闻名遐迩，彪炳史册，为后人所景仰。

笃政兴学的莫与俦

莫与俦，字犹人，号杰夫，又字寿民，清乾隆二十八年（1763）出生于独山兔场一个书香世家。他自幼好学，又得家风熏陶，学业日进，后又得名师教导，故在科举的道路上，一帆风顺，先后考中廪生、举人和进士。

莫与俦塑像

乾隆五十八年（1793），贵州学政洪亮吉到都匀府招录生员，莫与俦前往应试，深为洪亮吉所器重。嘉庆三年（1798），莫与俦考中举人，次年入京会试，连捷成进士，进入翰林院庶常馆学习。时值崇尚朴学，与俦潜心研讨，成为朴学大师。经过三年深造，莫与俦参与散馆考试，成绩斐然，以知县优先委用。先后任四川茂州知州、盐源知县。任职期间，为政清廉，政绩卓著，深得民心。

嘉庆二十一年（1816），与俦回到阔别多年的故里独山，深感家乡文化落后，乃在旧居辟“影山草堂”，设馆教育乡亲子弟，培育人才。此间，他曾一度受聘八寨（今丹寨县）厅学，又应聘主讲独山“紫泉书院”，前后十余年，为家乡培育人才，传授知识，开黔南文化教育之先河。

道光二年（1822），清廷吏部传檄重新起用他，但他不满当时官场黑暗，无心重返仕途，因而自请改任清贫教职，继续为振兴桑梓文化服务，后受命遵义府学教授，潜心执教，度其教育生涯，历时19年之久，直至道光二十一年（1842）卒于遵义任所，享年79岁，可谓“鞠躬尽瘁，死而后已”。众子弟上谥“贞定先生”，以表景仰之情。

藏书家和著作家莫友芝

莫友芝头像

莫友芝，字子偲，号郘亭，晚年号眲叟。莫与俦第五子，清嘉庆十六年（1811）五月三日生于贵州省独山州兔场街上，清代晚期我国著名的藏书家、著作家和书法家。

莫友芝因受良好家风影响，自幼好学，三岁即能识字，深受父爱，相继以《毛诗》《尚书》《仪礼》《礼记》等授之，受益匪浅；七八岁即会写韵文。道光三年（1823），13岁的莫友芝随父到遵义府授学。由于有严父名师传授，加上自己刻苦学习，学业大进，为日后步入学术高峰打下了坚实的基础。道光五年（1825）17岁时考取秀才。21岁中举。他通晓汉、宋两学，对于《尔雅》、六经、名物、制度及金石学、目录学等均颇有研究，因此得到当时的著名诗人吴梁的器重，把他作为全国14名“学问之士”之一推荐给清朝皇帝。他本打算通过科举考试步入仕途。但他生性耿直，不愿巴结权贵，故自清道光十三年（1833）至咸丰十年（1860）的20多年间，连续几度赴京会试，均榜上无名。自此绝意仕途，一心从事学术研究。于是他走出贵州高原，行遍大江南北，浏览祖国名胜，搜集古籍图书，广交文人士杰，潜心治学，著书立说。同治四年（1865），清政府邀他出来做官，他再次拒绝。同治十年（1871），他前往扬州，遍阅文宗、文汇两阁藏书。28岁时，遵义知府聘他与郑珍撰修《遵义府志》。两人通力合作，经三载春秋，共同修纂辑成《遵义府志》48卷，资料丰富、剪裁得当、内容翔实，被誉为“天下郡县志第三”，与《华阳国

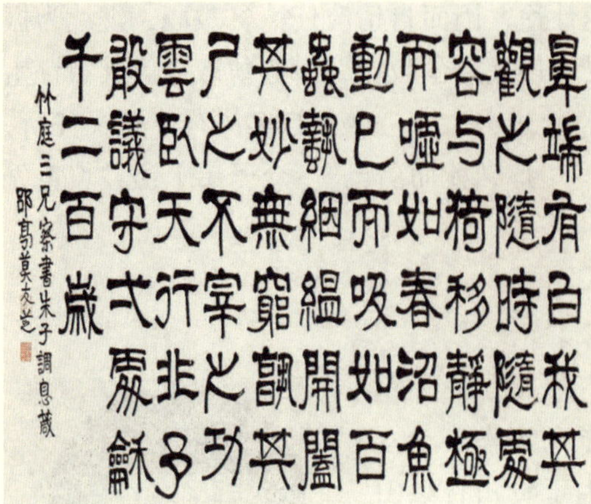

莫友芝书法作品

志》《水经注》齐名。

莫友芝一生的主要功绩在于收藏古书。凡宋刻元抄，或购买，或手抄，兼收并蓄，整理考订，经他收藏整理的珍本甚多，所谓“密册之富，南中罕有”。他还喜欢收藏汉代隶书刻本，所藏汉代碑头篆刻百余篇，与一般藏书家比较，有他独到之处。今贵州省图书馆和遵义市图书馆，都保存有他的藏书、遗著和手稿。此外，莫友芝还是清代咸同年间著名的书法家。历史学家章嵚《咏郘亭书》对他的书法曾给予过很高的评价。

同治十年（1871）九月，莫友芝为了访求古籍，来往于苏州、常州一带，在江苏兴化突感风寒，医治无效而卒于船上，终年61岁。次年六月，家人将其遗体运归，葬于贵州遵义县东乡青田山。

潜心执教的莫庭芝

莫庭芝，字芷升，别号青田山人，莫与俦第六子，莫友芝之弟，清嘉庆二十二年（1817）生于贵州独山兔场。庭芝自幼受其父兄教诲，良好家风熏陶，自己勤奋好学，使其后来学识大增，名扬贵州高原。庭芝7岁时，随父讲学至遵义就读，承父兄之教，又从名师郑珍受学，精研许慎《说文解字》，寡过自守，待人诚实宽厚，胸怀坦荡，深得学友朋辈敬重。

道光二十九年（1849），庭芝33岁时参加院试，以通文字学选中拔贡，深得贵州学政丁虚园、翁同书赏识。次年，进京参加礼部考试。因当时科场钻营之风盛行，而他素来洁身自律，不善奔走要人，结果不第而归。科举无名，使他对仕途感到失望，从此潜心从教治学，继承父志，为家乡贵州启迪民智，培育人才。

莫庭芝先后出任署永宁州（今关岭县）学政、安顺府学训导、教授、贵州府学古书院山长。一生执教达40年，孜孜不倦，为发展贵州文化教育事业，贡献毕生精力，直至光绪十五年（1889）卒于贵阳所任，享年73岁。

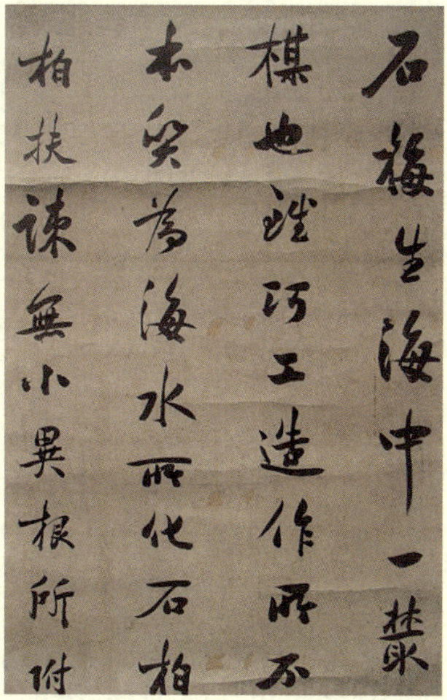

莫庭芝及其书法作品

庭芝教学有方，每到一地，首先端正学风，引导学生敦品励学，提倡朴学无华。注重品德教育，循循善诱，诲人不倦，深受门生敬重，上门求学拜师者络绎不绝。

庭芝教学之余，伏案著书立说，步其兄莫友芝后尘，邀约黎汝谦共同收集清代诗人作品，奋笔数载，撰成《黔诗纪略后编》33卷，共收录清代名家472人的诗文2 212首，是清代诗歌之总集，与其兄莫友芝所辑《黔诗纪略》有“双璧”之誉，为后人保存珍贵历史文献，深受学术界的重视。莫庭芝作为一位潜心治学、兼通诗词文的教育家，他在学问上的建树，教育上的贡献，以及安贫乐道、勤奋好学的精神，为后人树立了光辉的榜样。

近现代有影响的人物

北伐战争中的布依族名将韦杵

韦杵，又名明俊，字天培、降魔，布依族，国民革命军陆军少将衔。清光绪九年（1883）生于贵州安龙县钱相乡桥马村一个贫苦农民家庭。韦杵幼时在外祖父支持下先后进入乡间私塾和府城景氏塾馆读书。光绪二十八年（1902），几经辗转，考入湖南长沙师范学校。其间深受“三湘文化”熏陶，尤其是受维新变法思想影响，开始关心国事民生。光绪三十一年（1905）学成回

韦杵

乡，受聘兴义府高等小学堂任教，因看不惯一些纨绔子弟的腐败行径而直言不讳，遂遭排斥、歧视，甚至受到诬蔑和攻击，韦杵愤然辞去教职回乡。

晚清末年，政治腐败，社会黑暗，少数民族备受欺凌与歧视，韦杵内心充满不平，决心经武报国，弃教从戎，探寻革命道路。宣统元年（1908），韦杵赴昆明，欲投云南新军。因无人引荐，新军拒收，后经多次托人说情，才得以入伍。先为马夫、伙夫、士兵。宣统二年（1909）以优异成绩考进云南讲武学堂丙班，由于学习勤奋刻苦，得到教官顾品珍器重。1910年7月，被编入军官特别班，结识了朱德、金汉鼎等，且交情笃厚，往来密切。

1911年10月，韦杵及其所在的讲武学堂特别班参加蔡锷领导的新军辛亥重九起义，成为重要骨干力量。同年11月，从讲武学堂毕业的韦杵被派往新军第三梯团顾品珍部任排长。1915年12月，袁世凯称帝，他随蔡锷出师北伐讨袁，先后任连长、营长等职，由昆明经宣威进入四川作战。1917年，又参加孙中山发起护法战争。韦杵所在"在川靖国军"部挫败北洋军吴光新部，后辗转成都、资阳、重庆、简阳及贵州毕节、云南昭通等地。在战斗中身先士卒，足智多谋、英勇善战，充分显现其军事指挥才能。1920年，韦杵升任顾部第三混成旅第六团团长。同年秋，随顾返回云南，参与驱逐唐继尧。

1922年春，顾品珍被唐继尧指使土匪袭杀，其余部退入贵州毕节、盘县等地。时逢孙中山在广西桂林组建北伐军，韦杵等顾品珍余部约5万余人参加，于贵州盘县出发赴广西柳州，与桂军沈鸿英、刘震寰部会盟于大湟江，誓师东下征讨陈炯明，保卫广东革命根据地。韦杵战功显著，论功升任滇军第一旅旅长，驻军韶关。

1926年1月，韦杵当选国民党二次全国代表大会代表。同年7月，国民革命军誓师北伐，被任命为国民革命军第三军第八师第二十二团团长，隶属右翼军。8月，韦杵率部进入湖南、江西作战。11月，占领九江、南昌。攻下南昌不久，被任命为国民革命军第三军第七师副师长。1927年5月，第三军扩编为第三军和第九军，韦杵任第九军第二十八师师长。是时，共产党准备在江西南昌发动起义，在朱德的推荐下，前敌委员会任命韦杵为起义军第九军军长，朱德为副军长，朱克靖为党代表。后来韦杵因伤赴武汉等地治疗，未能到任。虽说韦杵没有参加起义，但他的部分部属已参加了起义，有的后来还成为工农红军的骨干。

1933年10月，韦杵坚决拥护并积极参加了国民党第十九路军蔡廷锴、蒋光鼐等联合发动的“福建事变”。“福建事变”失败后，韦杵率部撤至福州。此时，蒋介石发出对韦杵进行“就地正法”通缉，幸得韦杵原上司及故交金汉鼎事先通报，方得以脱险。为躲避追杀，韦杵化名赵善成，由福州乘船往上海，住进法租界。后于1934年回到贵州望谟县板陈王海平处。王海平时任黔桂边区清红两江独立保商营长、贵州西路纵队司令，主张抗日，思想进步。韦杵一方面积极支持王海平工作，协助他建设兵工厂，另一方面帮助王海平壮大地方武装力量，并成立了“中国人民反蒋自救军”。

1935年4月，韦杵应邀回到安龙，主抓治安，治理匪患，保一方平安。1936年初，应云南省主席龙云之邀赴昆明。先后为“剿匪军”第二路总指挥部军训处少将副主任、滇黔绥靖公署干部大队少将大队长等职。抗战爆发，任五十八军新编第十二师副师长兼第二旅旅长，参加了湖北崇阳、大沙坪战役。不久，回昆明继续从事军训工作，全力培养军事人才。

抗战胜利后退出军界，在黔灵中学工作，全心投入教育。1948年任云南省政府顾问，1949年12月，参加卢汉、龙云领导的云南起义。1950年，任云南省人民政府参事室参事，对云南经济、社会、教育、文化等方面的发展提出过不少积极的建议，进行过一些积极的努力，做了一些有益的工作。1952年病逝于昆明，终年69岁。

韦杵，生性谦和忠厚，生活俭朴，严于律己，践履笃行，不结私党，疾恶如仇，关爱乡土，不计得失，与人友善，深得乡人、部属爱戴。他戎马一生，思想进步，指挥有方，战功卓著，不愧为一代名将。

布依英豪陆瑞光

陆瑞光，布依族，又名陆天祥，外号“陆麻二”，1901年10月，生于贵州省镇宁县六马区乐纪乡弄染村。20世纪20年代初，开始组织农民武装，成为劫富济贫、保卫家乡的农民领袖。1929年4月，率领乡民1 000余人，进行武装抗暴斗争，被当地少数民族群众誉为“四大天王”之一。

陆瑞光

贵州镇宁山区是一个布依、苗、汉等多民族聚居地区，当地少数民族长期饱受滇、黔军阀纷争的蹂躏以及当地官府的残酷剥削和压榨，曾多次自发进行武装抗争，形成了陆瑞光、王仲芳等大小若干支地方武装。1935年4月，中央红军主力分两路西进，进入了安顺的少数民族地区，右路军（红三、红五军团）在军团长彭德怀、政委杨尚昆的指挥下，来到了镇宁、紫云交界陆瑞光等地方武装控制的地带。彭、杨派人向陆瑞光等人进行统战工作，宣传党和红军的民族政策，以实际行动赢得他们的信任和支持，同时接受了红军的革命主张。4月16日，陆瑞光亲自迎接红军进入弄染，并与红军订立“反蒋（介石）、王（家烈）、犹（国才）的国民党统治，反对一切苛捐杂税”的协定，请求红军派人帮助他，于是，红军赠给陆瑞光一面红旗、36支步枪及其他一些武器弹药，同时留下了一批红军伤病员和红军副营长方武先等工作人员，继续开展敌后武装斗争。红军大部队则顺利通过了少数民族聚居的六马地区，来到北盘江边。

红军离开后，陆瑞光的地方武装受到国民党军队的“清剿”，留下来的一些红军伤病员先后被杀害，陆瑞光遂与方武先决定率队伍到广西右江革命根据地投奔红七军，受阻后仍退回弄染。

1936年初，陆瑞光与方武先商量后决定，拟以镇宁、关岭、紫云三县交界的沙子沟、乐纪、火烘槽子等48个村寨为根据地，开展游击斗争。同时陆瑞光根据方武先的建议，派代表罗诗虎到安顺寻找上级党组织。罗诗虎在安顺找到了中共贵州省工作委员会成员秦天真和省工委军事领导小组组长李光庭，向他们汇报了陆瑞光等人的工作安排。秦天真、李光庭二人同意了陆瑞光、方武先的方案。陆瑞光、方武先收到罗诗虎派人回禀的情报后，根据贵州地下党的指示和计划，即开始在当地发动群众，组织游击队，建立革命根据地。在陆瑞光、方武先等人的艰苦努力下，革命形势发展很快，这引起了国民党贵州当局的极度不安。1936年底，四川军阀杨森率二十军入黔，他亲自带领师长夏炯率军到紫云、镇宁坐镇。12月26日，杨森以“迎接红军过境和签订‘反蒋协定’”的罪名逮捕了陆瑞光，随后诱捕了其余“四大天王”并血洗弄染，方武先以及留下来的红军战士英勇牺牲，四十八寨游击根据地遂告失败。

陆瑞光故居

陆瑞光被捕后，关押在紫云，不久押送到贵阳。面对敌人的种种酷刑与威逼利诱，陆瑞光大义凛然，威武不屈，痛斥国民党反动派争权夺利、烧杀掳掠的暴行。1937年春，杨森将陆瑞光等“四大天王”杀害于贵阳市八角岩，陆瑞光牺牲时年仅36岁。1989年，贵州省人民政府追认陆瑞光为革命烈士。

布依族爱国人士王海平

王海平，原名王祥，学名王周道，1891年1月20日出生于望谟县板陈村农民家庭。早年从军当勤务兵，20世纪20年代先后任南北盘江、红水河水路运输“督察队长”“保商连长”“保商营长”“贵州西路纵队司令”等职，其武装部队发展到数千人。

1930年3月，广西的红军第八军第一纵队在靖西一带受敌围困，决定突围过右江与红七军会合。当年4月中旬，辗转抵广西右江，遭敌堵击，伤亡惨重，无法实现与红七军会合的计划，决定渡红水河到贵州板陈村休整，于是，纵队派员两次与王海平协商。王海平欣然同意红八军第一纵队进驻蔗香，并将其改编为自己的第四大队。同年4月下旬，红八军第一纵队500人顺利地渡过红水河，将司令部设在蔗香寨，第一营入住巴恩寨。王海平还把属下的特务连划归红八军第一纵队的第三营，并为红军提供全部的生活和办公费用，红八军在蔗香6个月中，王海平共支援红军粮饷两万多块银圆。当年10月，红一纵队撤离蔗香到广西乐业与红七军会师。

1932年冬，广西红军领导人韦拔群等同志壮烈牺牲，红军因而化整为零。右江中共党组织派黄唤民、牙秀才、黄志新上贵州开展工作。三人扮作商人前往贵州望谟板陈与王海平接触。对王海平宣传革命思想和我党的政治主张，揭露国民党排除异己的阴谋。两年前红八军第一纵队驻蔗香时对民众秋毫无犯的事实，使王海平心悦诚服，思想日益倾向革命。王海平主动找中共党员黄唤民、黄志新等面谈，表示愿意跟随共产党，欢迎失散的红七军二十一师到板陈集中。1933年，红七军某团一营一连连长牙水平，率其部队80余人屯兵望谟卡法，王海平供给军饷，拨渡邑渡口由连队收税作经费，并通过牙水平资助右江上游革命委员会的费用。

王海平掩护红军渡过北盘江的百层渡口

1934年初，原红七军某团团长韦国英等带80余人至板陈，在王海平家秘密建立中共黔桂边区革命委员会。1938年，板陈“黔桂边委”改为“中共黔桂边特区工作委员会”，1938年8月改为“中共黔桂边特别支部”。同时，成立中共板陈支部。边委一方面宣传、发动群众；一方面加紧作王海平的政治教育和争取工作，待机活动。

王海平为解决部队需用的武器、弹药，在中共黔桂边委的协助下，于1934年6月，创办板陈兵工厂。工人大多数是红七军兵工厂的技术工，制造的步枪，称为“板陈造”。生产出来的枪支弹药，除供给部队需要外，还远销贞丰、册亨、罗甸、乐业、田西等县群众作自卫之用。这震惊了国民党贵州省政府，加上“黔桂边委”在板陈活动，王海平成为国民党政府“剿灭”的对象。

1935年，中国工农红军第一方面军长征途经望谟的播东、羊架、板莫、谭龙等地，挺进北盘江白层河者平渡口。北盘江一带属于王海平管辖。贵州军阀王家烈指令王海平阻击，王海平为了应付而派部队到谭龙一带驻防，中央红军为了红军顺利渡江，派代表与王海平谈判。待红军过境时，王海平部队热情送别，红军经过之后，他们又假装朝天鸣枪，使中央红军得以顺利通过。这在张爱萍同志的长征回忆录中也有同样的记载。

黔桂边革命势力发展，引起了国民党地方当局的恐慌，他们一方面加强对王海平的军事“围剿”，同时又采取分而治之的策略。1940年将罗甸、贞丰、关岭三县分划出一部分成立望谟县，派驻军警，向王海平的控制地区进逼。他们采取先断王海平臂膀的手段，先后诱杀和关押其得力助手牙永平、谭正明、韦有珠、何跃初、王建洪、陆文宪等，最后才对他本人下手。

1941年正月19日，国民党望谟县政府密谋捉拿王海平。中共黔桂边委得知消息后，立即通知其撤退，并准备密送其前往延安。20日凌晨，撤出板陈的王海平家小及部下分成三路向广西撤退。

王海平撤退至广西后，黔桂当局又秘密勾结，利用王海平与广西田西县国民党政府县长陈家文的亲戚关系，以委任王海平为百色专署“咨议”为名，将其进行软禁，伺机抓捕，幸得好友相助而逃脱。但在柳州，终被抓捕，押送至贵阳。5月19日，王海平被国民党以“通共”罪名枪杀于贵阳团坡，时年51岁。

王海平是20世纪30年代贵州布依族一个上层人物，在我党的争取下，他同情、支持并参与了革命活动。王海平同志是为革命，为支援中国工农红军和中共地下党的工作而牺牲的。1992午6月15日，人民政府落实党的政策，追认王海平同志为“革命烈士”。

参考文献

1.《布依族简史》编写组. 布依族简史（修订本）. 北京：民族出版社，2008

2.《布依族文学史》编写组，何积全等. 少数民族文学史丛书——布依族文学史. 贵阳：贵州民族出版社，1992

3. 贵州省民族事务委员会. 布依族文化大观. 贵阳：贵州民族出版社，2012

4. 黄义仁，韦廉舟. 布依族民俗志. 贵阳：贵州人民出版社，1985

5. 黄义仁. 布依族宗教信仰与文化. 北京：中央民族大学出版社，2002

6. 黄义仁. 布依族史. 贵阳：贵州民族出版社，1999

7. 黄义仁. 布依族的图腾崇拜. 贵州民族研究，1987（4）

8. 李秀良. 中国贵州镇山布依族风情. 贵阳：贵州人民出版社，2004

9. 李退谷，朱勋. 瓮安县志. 贵阳：贵阳文通书局，1915

10. 马启忠，王德龙. 试论布依族服饰文化. 贵州民族研究，1991（3）

11. 马启忠，王德龙. 布依族文化研究. 贵阳：贵州人民出版社，1998

12. 马启忠. 瀑乡风情录. 贵阳：贵州民族出版社，1991

13. 王伟，李登福，陈秀英. 布依族. 北京：民族出版社，1991

14. 王伟，倪大白. 布依族文化志. 上海：上海人民出版社，1998

15. 韦启光等. 布依族文化研究. 贵阳：贵州人民出版社，1999

16. 吴文定. 布依族禁忌中的文化因子与布依族地区社会和谐发展. 民族论坛，2007（7）

17. 吴文定. 文化视野下的布依族“四月八”. 民族论坛，2009（3）

18. 汛河. 布依族风俗志. 北京：中央民族学院出版社，1987

19. 政协贵州省委员会. 贵州文史资料专辑——回忆贵州改革开放30年. 贵阳：贵州人民出版社，2009

20. 中共黔南州委党史研究室. 黔南英烈. 贵阳：贵州人民出版社，1993

21. 中国科学院民族研究所，贵州少数民族社会历史调查组. 布依族简史简志合编，1963

22. 周国茂. 摩教与摩文化. 贵阳：贵州人民出版社，1995

23. 张公瑾. 文化语言学发凡. 昆明：云南大学出版社，1998

图片提供者

（按姓氏笔画为序）

无际
第 21 页
第 25 页（下）
第 31 页
第 66 页
第 67 页
第 68 页
第 69 页
第 70 页
第 78 页
第 80 页
第 81 页
第 82 页（上、中）
第 85 页（上）
第 88 页（下）
第 134 页
第 135 页
第 138 页
第 156 页
第 161 页
第 162 页
第 164 页
第 165 页
第 172 页
第 179 页
第 180 页

向往
第 33 页（下）
第 63 页
第 73 页（上）
第 84 页
第 95 页
第 100 页
第 101 页
第 102 页
第 104 页
第 105 页（下）
第 107 页
第 124 页
第 130 页（中）
第 142 页
第 160 页

何美坤
第 24 页
第 75 页
第 85 页（下）
第 143 页
第 144 页
第 157 页

岑松
第 47 页（上）

周国炎
第 10 页
第 12 页
第 19 页
第 27 页
第 30 页（上）
第 32 页
第 33 页（上）
第 35 页
第 40 页
第 44 页
第 48 页
第 55 页
第 71 页
第 72 页
第 86 页
第 88 页（上）
第 98 页
第 110 页
第 120 页（下）
第 145 页
第 146 页（上）
第 148 页
第 151 页
第 168 页

周国茂
第 14 页
第 18 页（下）
第 34 页
第 46 页
第 47 页（下）
第 50 页
第 51 页
第 54 页（上）
第 56 页（上）
第 62 页
第 64 页
第 82 页（下）
第 90 页
第 99 页（上）
第 106 页
第 108 页
第 113 页
第 114 页
第 115 页
第 116 页
第 117 页
第 127 页
第 128 页（下）
第 129 页
第 130 页（下）
第 146 页（下）
第 147 页
第 149 页
第 150 页
第 159 页

欧东衢
第 126 页

罗世业
第 45 页
第 53 页
第 54 页
第 56 页（下）
第 57 页
第 58 页
第 59 页
第 96 页
第 105 页（上）
第 111 页
第 131 页
第 132 页

哈登贵
第 17 页
第 18 页（上）
第 30 页（下）
第 41 页
第 65 页
第 74 页
第 112 页
第 128 页（上）
第 163 页

望艮
第 15 页
第 20 页
第 25 页（上）
第 37 页
第 38 页
第 73 页（下）
第 79 页
第 89 页
第 99 页（下）
第 120 页（上）
第 121 页（上）
第 122 页
第 130 页（上）
第 173 页
第 175 页
第 176 页
第 178 页

后记

近几年，陆续有好几部关于布依族文化的著作问世，如贵州省民委编，贵州民族出版社2012年出版的《布依族文化大观》。该书约80万字，对布依族文化的方方面面进行了非常详尽的介绍，是近期内同类著作很难超越的。2012年由本书编辑主编，宁夏人民出版社出版的《中华民族丛书》之一《中国布依族》，虽在篇幅上不及《布依族文化大观》，但也比较全面。此外还有一些通俗性的读本，如周国茂著，贵州民族出版社2014年出版的《山水布依》等。在这种情况下，接下由辽宁民族出版社组织的《走近中国少数民族丛书·布依族》，对我来说无疑是一个严峻的挑战。收到出版社的约稿通知后，我犹豫了好几天，反复自问，在布依族文化方面我还能挖掘出什么新鲜的东西展现给读者吗？后来，经过与辽宁民族出版社编辑李璜女士沟通，我了解到这套丛书的编撰宗旨、原则和思路，渐渐有了信心。作为布依族的知识分子，向广大读者介绍本民族文化，我责无旁贷。于是我欣然接下了这副担子。不过，我仍担心，自己多年从事语言学研究，几乎没有涉足过文学创作，语言呆板，思路受限，文笔僵化，缺少典雅华丽的辞藻，写出来的东西很难满足编辑和读者语言上的审美要求。

这套丛书以图文并茂、语言通俗为其特色。但图片的收集对我来说是一件很头疼的事。我自己这些年虽然到布依族地区拍了不少照片，但很多反映布依族传统习俗和文化的场景是可遇不可求的，如建新房、婚礼、葬礼等，因此符合本书主题需要的照片寥寥无几。为此，我不得不向长期在布依族地区从事民族工作的朋友们求援。衷心感谢贵州省罗甸县民族宗教局的罗世业老师、镇宁布依族苗族自治县民族宗教局哈登贵副局长、贞丰县原文联主席向往先生，荔波县政协何羡坤副主席以及我的兄长贵阳学院周国茂教授，他们的无私奉献为本书增添了艳丽的色彩。本书所用照片还有相当一部分来自百度网页，我们在书中已一一注明每张照片的出处，在此谨向这些照片的作者们致以衷心的感谢。尤其需要感激的是辽宁民族出版社编辑李璜女士，她的鼓励使我鼓起勇气接受这份艰巨的任务，由于她的精心编辑，才使得本来呆板僵化的语言变得生动活泼。

此外，还要感谢我的四位研究生，2013级硕士研究生余筱凤和陈超为本书写作提纲的拟定付出了艰辛的劳动，2014级硕士研究生赵哲和向昭玉对本书所采用的网络照片出处进行了查询和核实。

周国炎

2014年12月